中華古籍保護計劃

ZHONG HUA GU JI BAO HU JI HUA CHENG GUO

·成 果·

佚名 撰

# 明活字本墨子

第一册

國家圖書館出版社

**圖書在版編目(CIP)數據**

明活字本墨子:全二册 / 佚名撰.-- 北京:國家圖書館出版社,2018.6

(國學基本典籍叢刊)

ISBN 978-7-5013-6400-8

Ⅰ.①明… Ⅱ.①佚… Ⅲ.①墨家 Ⅳ.①B224

中國版本圖書館 CIP 數據核字(2018)第 061261 號

| | |
|---|---|
| **書　　名** | 明活字本墨子(全二册) |
| **著　　者** | 佚　名　撰 |
| **責任編輯** | 袁宏偉 |
| **封面設計** | 徐新狀 |
| **出　　版** | 國家圖書館出版社(100034　北京市西城區文津街7號)<br>(原書目文獻出版社　北京圖書館出版社) |
| **發　　行** | 010-66114536　66126153　66151313　66175620<br>66121706(傳真)　66126156(門市部) |
| **E-mail** | nlcpress@nlc.cn(郵購) |
| **Website** | www.nlcpress.com→投稿中心 |
| **經　　銷** | 新華書店 |
| **印　　裝** | 北京市通州興龍印刷廠 |
| **版　　次** | 2018年6月第1版　2018年6月第1次印刷 |
| **開　　本** | 880×1230(毫米)　1/32 |
| **印　　張** | 12 |
| **書　　號** | ISBN 978-7-5013-6400-8 |
| **定　　價** | 38.00 圓 |

# 《國學基本典籍叢刊》編委會

# 《國學基本典籍叢刊》前言

國家圖書館出版社(原書目文獻出版社 北京圖書館出版社)成立三十多年來,出版了大量的中國傳統文化典籍。由於這些典籍的出版往往採用叢書的方式或綫裝形式,供公共圖書館和大學圖書館典藏使用,普通讀者因價格較高、部頭較大,不易購買使用。爲弘揚優秀傳統文化,滿足廣大普通讀者的需求,現將經、史、子、集各部的常用典籍,選擇善本,分輯陸續出版單行本。每書之前均加簡要説明,必要者加編目録和索引,總名《國學基本典籍叢刊》。歡迎讀者提出寶貴意見和建議,以使這項工作逐步完善。

編委會

二〇一六年四月

# 序　言

## 一、版本源流

《墨子》是先秦墨家著作總集，創作於前五至前三世紀，經歷漫長的傳鈔過程，形成各自獨立成篇的格局。先秦諸子著作，傳到漢武帝（前一四〇—前八七年在位）時，文獻『書缺簡脱』，丟失脱漏，『於是建藏書之策，置寫書之官，下及諸子傳説皆充秘府』，建宮廷藏書制，設鈔書機構，收諸子百家著作，充實收藏。河平三年（前二六），漢成帝（前三二—前七年在位）時，『以書頗散亡』，命劉向（前七七—前六）編校諸子。劉向卒，漢哀帝（前六—前一年在位）命劉向子劉歆承父業。漢宮收藏《墨子》，是用先秦古文大篆鈔寫的簡牘本，有篇無卷。經劉向、劉歆校定的《墨子》，轉鈔爲用漢代隸書字體寫的帛書，分十五卷。

《漢書・藝文志》著録《墨子》七十一篇，是漢劉向、劉歆校定漢宮藏簡牘本。已知《墨子》一書隋唐有鈔本，宋有印本。《隋書・經籍志》《舊唐書・經籍志》《新唐書・藝文志》《宋史・藝文志》、馬總《意林》、鄭樵《通志》、馬端臨《文獻通考·經籍考》、焦竑《國史經籍志》等官私史志，皆著録《墨子》十五卷，是今本《墨子》的源出。明正統十年（一四四五）張宇初等奉命校刊《道藏》，據宋印本録入《墨子》五十三篇，比《漢書·藝文志》著録七十一篇本，遺失十八篇，是以後各種版本的直接祖本，從中可窺見墨學的全貌。以後校注《墨子》，以明刊《道藏》爲底本。

## 二、篇目價值

《墨子》篇目分五組，有不同的價值和意義。第一組墨經。《道藏》本《墨子》《經》（上、下）、《經説》（上、下）四篇，是狹義《墨經》。加《大取》《小取》，共六篇，是廣義《墨經》。《墨經》稱呼見《莊子·天下》：『相里勤之弟子五侯之徒，南方之墨者苦獲、已齒、鄧陵子之屬，俱誦《墨經》。』晉魯勝注釋狹義《墨經》四篇，稱《墨辯》。胡適評價説：『《墨辯》六篇，乃是中國古代第一奇書。』『到了今日，這幾篇二千年没人過問的書，竟成中國古代的第一部奇書了！』〔二〕

魯勝《墨辯注序》：『《墨辯》有上下《經》，《經》各有《説》，凡四篇。』區分狹義和廣義《墨經》，對文化史的研究，意義非凡。狹義《墨經》，完全從自然本身解釋自然，不摻雜任何鬼神迷信

〔二〕胡適：《中國哲學史大綱》，商務印書館一九八七年據一九一九年初版影印，第二二三頁、三一一頁。

等神秘因素，是徹底的無神論，純粹的科學人文學知識，是墨學發展史上世界級的大進步和歷史絶唱。胡適評價：『完全没有超自然的、甚至迷信的色彩。』『這些作品是一個科學時代的産物。』〔二〕

《墨經》專講科學人文學知識。《經上》講邏輯、哲學和科學知識，重要概念範疇的定義、劃分，列舉簡單命題，《經説上》展開説明。《經下》講邏輯、哲學和科學命題、定理、定律，揭示論證理由，論證理由濃縮爲幾個字，便於誦讀記憶，《經説下》展開説明。

從專講邏輯、哲學和科學的意義上説，《墨經》比同時代的其他任何典籍都更有價值。《墨經》作爲古代微型百科全書，涵蓋各門科學，是墨學精華，全人類優秀遺産，有重要的現代價值。《墨經》是專講邏輯和科學的元典。《墨經》文辭精練濃縮，産生於戰國末。秦漢以後墨家中絶，《墨經》無人問津，成歷史絶唱。

一九二〇年冬，梁啓超在清華大學講授國學小史，講完『墨家之論理學（邏輯學）』一節後感慨説：『祇可惜我們做子孫的没出息，把祖宗遺下的無價之寶，埋在地窖子裏二千年。今日我們在世界文化民族中，算是最缺乏論理（邏輯）精神、缺乏科學精神的民族，我們還有面目見祖宗嗎？

〔二〕胡適：《先秦名學史》，學林出版社一九八三年版，第五七頁。

如何纔能毅一雪此耻？諸君努力啊！』[一]

沈有鼎説：『《墨經》的邏輯學是中國學術史中光輝燦爛的一頁。兩千年長期停滯的封建社會抛弃了這一寶物，讓它埋在泥裏。』[二]一八九七年孫詒讓致信梁啓超，稱對『《經》《説》諸篇，閎意妙旨，所未窺者尚多』。説《墨經》學問『賅舉中西，郵徹曠絶，幾於九譯乃通』，學者『罕能盡逮』。鼓勵梁啓超從事《墨經》研究的『曠代盛業』。梁啓超遂纍積三十餘年功力，著《墨子學案》和《墨經校釋》，終在墨學研究史上樹立豐碑。

從《墨經》内容看，是墨子後學，即後期墨家的作品。《墨經》綜合融匯戰國中後期百家争鳴思想成果。墨子死後，分散在各地的墨家學派，分裂爲許多小派别、小團體，是相對獨立、平等發展的不同學術群體，保持共同的『墨者』稱號，遵奉共同的精神領袖墨翟，宗奉墨子學説（『兼愛』等），激辯各種學術問題。

《韓非子・顯學》：『自墨子之死也，有相里氏之墨，有相夫氏之墨，有鄧陵氏之墨。故孔墨之後，儒分爲八，墨離爲三。』後期墨家各派，集體編製《墨經》。《墨經》義理深湛，文字精煉，是學

[一] 梁啓超：《墨子學案》，《墨子大全》第二十六册，北京圖書館出版社二〇〇四年版，第一四二頁。
[二]《沈有鼎文集》，人民出版社一九九二年版，第三七七頁。

派内外反復争辯、切磋琢磨的結果。沈有鼎認爲《經》和《經説》四篇，是學術文化發展水準較高的『（東）北方之墨者』（居齊）的著作，即『相里勤之弟子五侯之徒所著』，論據簡括語用『説在』。《大取》和四篇明顯唱對臺戲，學説比較原始，涵義豐富、重形式的趨勢較弱，是『南方之墨者』（居楚，河南南部）的著作，論據簡括語用『其類在』。韓非子説，在以上兩派之外，還有『相夫氏之墨』，這一派是西方之墨者（秦國墨者，簡稱秦墨），不願意參加以上兩派的争論，滿足於《小取》完整而簡明，但較晚出的辯學體系〔二〕。

第二組墨論，即墨子十大論題。《魯問》：『凡入國，必擇務而從事焉。國家昏亂，則語之尚賢尚同。國家貧，則語之節用節葬。國家憙音湛湎，則語之非樂非命。國家淫僻無禮，則語之尊天事鬼。國家務奪侵淩，即語之兼愛非（攻）。』墨子游説各諸侯國君卿大夫，闡發治國方案、政治倫理思想。與《尚賢》《尚同》《兼愛》《非攻》《節用》《節葬》《天志》《明鬼》《非樂》《非命》十篇對應，墨子系統講解，弟子記録整理。每篇分上、中、下，十篇分爲三十篇，有遺失，現存二十三篇，内容略同，墨者不同派别傳本，經後人編輯，是墨學的可靠資料。墨子後學分三派，各派傳本不同。漢史學家劉向、劉歆校定《墨子》，成《尚賢》到《非命》十論篇章，是《墨子》論題，歸類哲學、經濟、

〔二〕《沈有鼎文集》，人民出版社一九九二年版，第三九三頁。

政治、倫理、軍事等，偏政治倫理。

第三組雜論。《墨子》開頭一組，從《親士》到《三辯》七篇，加《非儒下》，共八篇，是墨學雜論，爲劉向、劉歆奉命編校《墨子》的結果，記載墨子政治倫理思想。雜論八篇，爲『墨論』餘義。《親士》爲《尚賢》餘義，《法儀》爲《天志》餘義，《七患》《辭過》爲《節用》餘義，《三辯》爲《非樂》餘義。

第四組墨語。從《耕柱》到《公輸》五篇，類似儒家經典《論語》，記墨子與後學和時人的對話，生動真實，妙趣横生，是墨子的言行録和傳記資料，研究墨子生平的參考。

第五組墨守。從《備城門》到《雜守》十一篇，講守城工程設施、武器裝備、軍事組織和戰略戰術，屬軍事學，用墨子和禽滑厘對話體裁寫成。其中稱『子墨子』十四次，稱『禽滑厘』三次，稱『禽子』八次，説明墨子大弟子禽滑厘，帶門徒，稱老師，編著『墨守』各篇論文。墨子和禽滑厘，在篇中都被稱爲『子』，可見其中有墨子再傳弟子、禽滑厘弟子加工整理的痕迹，有戰國中後期墨子再傳弟子的補充，基本思想是墨子和禽滑厘的共同創造。用禽滑厘提問和墨子回答的形式，代表墨子思想。

墨家學説，是中華優秀傳統文化的珍品，在世界文化體系中有重要的理論意義，産生極大影響，占有重要地位，對今人有非凡的啓迪借鑒價值。墨翟宣導兼愛互利，人人平等，有明晰的人文精神。墨翟詳論非命尚力的重大理論意義，批判傳統天命論、命定論，主張充分發揮人民群衆的主觀能動作用，積極認知世界，改造世界，實現理想。墨子後學誦《墨經》，概括科學知識，定義概念範疇，論證科學原理，具有杰出的科學精神。

胡適説，《墨子》是當時『真正有價值的唯一著作』〔二〕。狹義《墨經》講科學，爲人類貢獻寶貴知識遺産，是現實文化取之不盡、用之不竭的活水源頭，是振興中華，實現民族偉大復興的强大精神動力。百餘年來，學人對墨學精義競相深察，其崇高價值愈加爲世人認知。狹義《墨經》，是世界頂級的科學論著，巧傳求故究原由，概括天人總規律，包含深厚的科學人文精神，有重要的理論和現實意義，對今人有重要的啓迪與借鑒價值。

此本爲明嘉靖芝城銅活字藍印本。鈐有『平阳汪氏藏书印』『東郡楊紹和字彦合藏書之印』『东郡杨氏宋存书室珍藏』『東郡楊氏鑑藏金石書畫印』『宋存书室』『張一麐』等印記。今藏中國國家圖書館。

孫中原

二〇一八年三月

〔二〕胡適：《先秦名學史》，學林出版社一九八三年版，第五二頁。

# 總目録

## 第一册

## 第二册

卷十五

# 第一册目録

據國家圖書館藏明嘉靖芝城銅活字藍印本影印原書版框高十九點三厘米寬十三點一厘米

丁卯秋續得嘉靖癸丑歲春二月吳興陸穩叙刻本與此蓋後一年而陸叙中有前年依宗師章於友人家覓得内府本讀之始知香嚴以爲此陸内府本者非無據也陸叙又云别購唐本以傳學問於世視暇謂余於山堂得墨原本將歸而梓之是又一本矣今取唐本以勘陸本殊有不合知陸所云唐得墨原本者非即陸本也陸本出内府唐本出茗溪藏殆不得矣唯陸本無叙唐本有陸之叙故以人遂疑唐本出自陸本其實陸刻先之一年唐刻成于年實不侔耳　秋九月六日復翁

讀墨子

昌黎韓愈撰

儒譏墨以上同兼愛上賢明鬼而孔子畏大人居是邦不非其大夫春秋譏專臣不上同哉孔子泛愛親仁以博施濟衆爲聖不兼愛哉孔子賢賢以四科進褒弟子疾殁世而名不稱不上賢哉孔子祭如在譏祭如不祭者曰我祭則受福不明鬼哉儒墨同是堯舜同非桀紂同修身正心以治天下國家奚不相悅如是哉余以爲辯生於末學各務售其師之說非二師之道本然也孔子必用墨子墨子必用孔子不相用不足爲孔墨

一卷目録　親士第一　修身第二

經說上四十二　經說下四十三

十一卷大取四十四　小取四十五　耕柱四十六

十二卷貴義四十七　公孟四十八

十三卷魯問四十九　公輸第五十

十四卷備城門五十二　備高臨五十三

備梯五十六　備水五十八　備突六十一

備穴六十二　備蛾傳六十三

十五卷迎敵祠六十八　旗幟六十九　號令第七十

雜守七十一

明刑部河南清吏司郎中吳興北川陸穩校行

墨子序目終

# 墨子卷之一

## 親士第一

入國而不存其士則亡國矣見賢而不急則緩其君矣非賢無急非士無與慮國緩賢忘士而能以其國存者未曾有也昔者文公出走而正天下桓公去國而霸諸侯越王勾踐遇吳王之醜而尚攝中國之賢君三子之能達名成功於天下也皆於其國抑而大醜也太上無敗其次敗而有以成此之謂用民吾聞之曰非無安居也我無安心也非無足財也我無足心也是故君子自難而易彼衆人自易而難彼君子進不敗其志內究其情雖雜庸民終無怨心彼有自信者也是故爲其所難者必得其所欲焉未聞

爲其所欲而免其所惡者也是故偪臣傷君諂下傷上君必有弗弗之臣上必有詻詻之下分議者延延而支苟者詻詻焉可以長生保國臣下重其爵位而不言近臣則喑遠臣則唫怨結於民心諂諛在側善議障塞則國危矣桀紂不以其無天下之士邪殺其身而喪天下故曰歸國寶不若獻賢而進士今有五錐此其銛銛者必先挫有五刀此其錯錯者必先靡是以甘井近竭招木近伐靈龜近灼神蛇近暴是故比干之殪其抗也孟賁之殺其勇也西施之沈其美也吳起之裂其事也故彼人者寡不死其所長故曰太盛難守也故雖有賢君不愛無功之臣雖有慈父不愛無益之子是故不勝其任而處其位非此位之人也

陝

不勝其爵而處其祿非此祿之主也良弓難張然可以及高入深良馬難乘然可以任重致遠良才難令然可以致君見尊是故江河不惡小谷之滿已也故能大聖人者事無辭也物無違也故能爲天下器是故江河之水非一源也千鎰之裘非一狐之白也夫惡有同方取不取同而已者乎蓋非兼王之道也是故天地不昭昭大水不潦潦大火不燎燎王德不堯堯者乃千人之長也其直如矢其平如砥不足以覆萬物是故谿陜者速涸逝淺者速竭墝埆者其地不育三者淳澤不出宮中則不能流國矣

修身第二

君子戰雖有陳而勇爲本焉喪雖有禮而哀爲本焉士雖

豐 終始

彊

彊

有學而行爲本焉是故置本不安者無務豐末近者不親無務來遠親戚不附無務外交事無始終無務多業舉物而闇無務傳聞是故先王之治天下也必察邇來遠君子察邇而邇脩者也見不脩行見毀而反之身者也此以怨省而行修矣讒慝之言無入之耳批扞之聲無出之口殺傷人之孩無存之心雖有詭詐之民無所依矣故君子力事日彊願欲日逾設壯日盛君子之道也貧則見廉富則見義生則見愛死則見哀四行者不可虛假反之身者也藏於心者無以竭愛動於身者無以竭恭出於口者無以竭馴暢之四支接之肌膚華髮隳顛而猶弗舍者其唯聖人乎志不彊者智不達言不信者行不果據財不能以分

幾

人者不足與友守道不篤徧物不博辯是非不察者不足與遊本不固者末必幾雄而不修者其後必惰原濁者流不清行不信者名必耗名不徒生而譽不自長功成名遂名譽不可虛假反之身者也務言而緩行雖辯必不聽多力而伐功雖勞必不圖慧者心辯而不繁說多力而不伐功此以名譽揚天下言無務為多而務為智無務為文而務為察故彼智無察在身而情反其路者也善無主於心者不留行莫辯於身者不立名不可簡而成也譽不可巧而立也君子以身戴行者也思利尋焉忘名忽焉可以為士於天下者未嘗有也

所染第三

父 偃



子墨子言見染絲者而歎曰染於蒼則蒼染於黃則黃所入者變其色亦變五入必而已則爲五色矣故染不可不愼也非獨染絲然也國亦有染舜染於許由伯陽禹染於皋陶伯益湯染於伊尹仲虺武王染於太公周公此四王者所染當故王天下立爲天子功名蔽天地舉天下之仁義顯人必稱此四王者夏桀染於干辛推哆殷紂染於崇侯惡來厲王染於厲公長公榮夷終幽王染於傅公夷蔡公穀此四王者所染不當故國殘身死爲天下僇舉天下不義辱人必稱此四王者齊桓染於管仲鮑叔晉文染於舅犯高偃楚莊染於孫叔沈尹吳闔閭染於伍員文義越勾踐染於范蠡大夫種此五君所染當故霸諸侯功名傳

彊

偃

於後世范吉射染於長柳朔王胜中行寅染於籍秦高彊吳夫差染於王孫雒太宰嚭知伯搖染於智國張武中山尚染於魏義偃長宋康染於唐鞅佃不禮此六君者所染不當故國家殘亡身爲刑戮宗廟破滅絕無後類君臣離散民人流亡舉天下之貪暴苛擾者必稱此六君也凡君之所以安者何也以其行理也行理性於染當故善爲君者勞於論人而佚於治官不能爲君者傷形費神愁心勞意然國逾危身逾辱此六君者非不重其國愛其身也以不知要故也不知要者所染不當也非獨國有染也士亦有染其友皆好仁義淳謹畏令則家日益身日安名日榮處官得其理矣則段干木禽子傅說之徒是也其友皆好

矜奮創作比周則家曰損身曰危名曰辱處官失其理矣則子西易牙豎刀之徒是也詩曰必擇所堪必謹所堪者此之謂也

## 法儀第四

子墨子曰天下從事者不可以無法儀無法儀而其事能成者無有雖至士之爲將相者皆有法雖至百工從事者亦皆有法百工爲方以矩爲圜以規直以繩正以縣無巧工不巧工皆以此五者爲法巧者能中之不巧者雖不能中放依以從事猶逾已故百工從事皆有法所度今大者治天下其次治大國而無法所度此不若百工辯也然則奚以爲治法而可當皆法其父母奚若天下之爲父母者

衆而仁者寡若皆法其父母此法不仁也法不仁不可以爲法當皆法其學奚若天下爲學者衆而仁者寡若皆法其學此法不仁也法不仁不可以爲法當皆法其君奚若天下之爲君者衆而仁者寡若皆法其君此法不仁也法不仁不可以爲法故父母學君三者莫可以爲治法而可然則奚以爲治法而可故曰莫若法天天之行廣而無私其施厚而不德其明久而不衰故聖王法之既以天爲法動作有爲必度於天天之所欲則爲之天所不欲則止然而天何欲何惡者也天必欲人之相愛相利而不欲人之相惡相賊也奚以知天之欲人之相愛相利而不欲人之相惡相賊也以其兼而愛之兼而利之也奚以知天兼而

愛之兼而利之也以其兼而有之兼而食之也今天下無小大國皆天之邑也人無幼長貴賤皆天之臣也此以莫不犓羊豢犬豬絜爲酒醴粢盛以敬事天此不爲兼而有之兼而食之邪天苟兼而有食之夫奚說以不欲人之相愛相利也故曰愛人利人者天必福之惡人賊人者天必禍之曰殺不辜者得不祥焉夫奚說人爲其相殺而天與禍乎是以天欲人相愛相利而不欲人相惡相賊也昔之聖王禹湯文武兼天下之百姓率以尊天事鬼其利人多故天福之使立爲天子天下諸侯皆賓事之暴王桀紂幽厲兼惡天下之百姓率以詬天侮鬼賊其人多故天禍之使遂失其國家身死爲僇於天下後世子孫毀之至今不

彊

息故爲不善以得禍者桀紂幽厲是也愛人利人以得福者禹湯文武是也愛人利人以得福者有矣惡人賊人以得禍者亦有矣

## 七患第五

子墨子曰國有七患七患者何城郭溝池不可守而治宮室一患也邊國至境四鄰莫救二患也先盡民力無用之功賞賜無能之人民力盡於無用財寶虛於待客三患也仕者待禄游者憂反君脩法討臣臣懾而不敢拂四患也君自以爲聖智而不問事自以爲安彊而無守備四鄰謀之不知戒五患也所言不忠所忠不信六患也畜種菽粟不足以食之大臣不足事之賞賜不能喜誅罰不能威七

饑、饑饑

患也以七患居國必無社稷以七患守城敵至國傾七患之所當國必有殃凡五穀者民之所仰也君之所以爲養也故民無仰則君無養民無食則不可事故食不可不務也地不可不力也用不可不節也五穀盡收則五味盡御於主不盡收則不盡御一穀不收謂之饉二穀不收謂之旱三穀不收謂之凶四穀不收謂之餽五穀不收謂之饑歲饉則仕者大夫以下皆損祿五分之一旱則損五分之二凶則損五分之三餽則損五分之四饑則盡無祿稟食而已矣故凶饑存乎國人君徹鼎食五分之五大夫徹縣士不入學君朝之衣不革制諸侯之客四鄰之使雍食而不盛徹驂騑塗不芸馬不食粟婢妾不衣帛此告不足之

饑

至也今有負其子而汲者隊其子於井中其母必從而道之今歲凶民饑道餓重其子此疚於隊其可無察邪故時年歲善則民仁且良時年歲凶則民吝且惡夫民何常此之有爲者寡食者衆則歲無豐故曰財不足則反之時食不足則反之用故先民以時生財固本而用財則財足故雖上世之聖王豈能使五穀常收而旱水不至哉然而無凍餓之民者何也其力時急而自養儉也故夏書曰禹七年水殷書曰湯五年旱此其離凶餓甚矣然而民不凍餓者何也其生財密其用之節也故食無備粟不可以待凶饑庫無備兵雖有義不能征無義城郭不備全不可以自守心無備慮不可以應卒是若慶忌無去之心不能輕出

夫桀無待湯之備故放紂無待武王之備故殺桀紂貴爲天子富有天下然而皆滅亡於百里之君者何也有富貴而不爲備也故備者國之重也食者國之寶也兵者國之爪也城者所以自守也此三者國之具也故曰以其極賞以賜無功虛其府庫以備車馬衣裘奇怪苦其役徒以治宮室觀樂死又厚爲棺槨多爲衣裘生時治臺榭死又脩墳墓故民苦於外府庫單於內上不厭其樂下不堪其苦故國離寇敵則傷民見凶饑則亡此皆備不具之罪也且夫食者聖人之所寶也故周書曰國無三年之食者國非其國也家無三年之食者子非其子也此之謂國備

## 辭過第六

怪　饑

子墨子曰古之民未知爲宮時就陵阜而居穴而處下潤濕傷民故聖王作爲宮室爲宮室之法曰高足以辟潤濕邊足以圉風寒上足以待雪霜雨露宮牆之高足以別男女之禮謹此則止費財勞力不加利者不爲也是故聖王作爲宮室便於生不以爲觀樂也作爲衣服帶履便於身不以爲辟怪也故節於身誨於民是以天下之民可得而治財用可得而足當今之主其爲宮室則與此異矣必厚作斂於百姓暴奪民衣食之財以爲宮室臺榭曲直之望青黃刻鏤之飾爲宮室若此故左右皆法象之是以其財不足以待凶饑賑孤寡故國貧而民難治也君實欲天下之治而惡其亂也當爲宮室不可不節古之民未知爲衣

服時衣皮帶茭冬則不輕而溫夏則不輕而凊聖王以爲不中人之情故作誨婦人治役脩其城郭則民勞而不傷以其常正收其租稅民則費而不病民所苦者非此也苦於厚作斂於百姓絲麻梱布絹以爲民衣爲衣服之法冬則練帛之中足以爲輕且凊謹此則止故聖人爲衣服適身體和肌膚而足矣非榮耳目而觀愚民也當是之時堅車良馬不知貴也刻鏤文采不知喜也何則其所道之然故民衣食之財家足以待旱水凶饑者何也得其所以自養之情而不感於外也是以其民儉而易治其君用財節而易贍也府庫實滿足以待不然兵革不頓士民不勞足以征不服故霸王之業可行於天下矣當今之王其爲衣

節

彊體

服則與此異矣冬則輕煗夏則輕凊皆已具矣必厚作斂於百姓暴奪民衣食之財以爲錦繡文采靡曼衣之鑄金以爲鉤珠玉以爲珮女工作文采男工作刻鏤以身服此非云益煗之情也單財勞力畢歸之於無用以此觀之其爲衣服非爲身體皆爲觀好是以其民淫僻而難治其君奢侈而難諫也夫以奢侈之君御好淫僻之民欲用無亂不可得也君實欲天下之治而惡其亂當爲衣服不可不卽古之民未知爲飲食時素食而分處故聖人作誨男耕稼樹藝以爲民食其爲食也足以增氣充虛彊體適腹而已矣故其用財節其自養儉民富國治今則不然厚作斂於百姓以爲美食芻豢蒸炙魚鼈大國累百器小國累十

饑饑

器前方丈目不能徧視手不能徧操口不能徧味冬則凍冰夏則飾饐人君爲飲食如此故左右象之是以富貴者奢侈孤寡者凍餒欲無亂不可得也若實欲天下治而惡其亂當爲食飲不可不節古之民未知爲舟車時重任不移遠道不至故聖王作爲舟車以便民之事其爲舟車也全固輕利可以任重致遠其爲用財少而爲利多是以民樂而利之故法令不急而行民不勞而止足用故民歸之當今之王其爲舟車與此異矣全固輕利皆已具必厚作斂於百姓以飾舟車飾車以文采飾舟以刻鏤女子廢其紡織而脩文采故民寒男子離其耕稼而脩刻鏤故民饑人君爲舟車若此故左右象之是以其民饑寒並至故爲

姦衰多則刑罰深刑罰深則國亂君實欲天下之治而惡其亂當爲舟車不可不節凡回於天地之閒包於四海之内天壤之情陰陽之和莫不有也雖至聖不能更也何以知其然聖人有傳天地也則曰上下四時也則曰陰陽人情也則曰男女禽獸也則曰牝牡雄雌也真天壤之情雖有先王不能更也雖上世至聖必蓄私不以傷行故民無怨宮無拘女故天下無寡夫内無拘女外無寡夫故天下之民衆當今之君其蓄私也大國拘女累千小國累百是以天下之男多寡無妻女多拘無夫男子失時故民少君實欲民之衆而惡其寡當蓄私不可不節凡此五者聖人之所儉節也小人之所淫佚也儉節則昌淫佚則亡此五

者不可不節夫婦節而天地和風雨節而五穀熟衣服節而肌膚和

三辯第七

程繁問於子墨子曰聖王不爲樂昔諸侯倦於聽治息於鐘鼓之樂士大夫倦於聽治息於竽瑟之樂農夫春耕夏耘秋斂冬藏息於聆缶之樂今夫子曰聖王不爲樂此譬之猶馬駕而不稅弓張而不弛無乃非有血氣者之所不能至邪子墨子曰昔者堯舜有第期者且以爲禮且以爲樂湯放桀於大水環天下自立以爲王事成功立無大後患自作樂命曰九招武王勝殷殺紂環天下自立以爲王事成功立無大後患因先王之樂又自作樂命曰象周成

饑

王因先王之樂命曰騶虞周成王之治天下也不若武王武王之治天下也不若成湯成湯之治天下也不若堯舜故其樂逾繁者其治逾寡自此觀之樂非所以治天下也程繁曰子曰聖王無樂此亦樂已若之何其謂聖王無樂也子墨子曰聖王之命也多寡之食之利也以知饑而食之者智也因爲無知矣今聖有樂而少此亦無也

墨子卷之一終

道藏本校　沛一

無終字

# 墨子卷之二

## 尚賢上第八

子墨子言曰古者王公大人爲政於國家者皆欲國家之富人民之衆刑政之治然而不得富而得貧不得衆而得寡不得治而得亂則是本失其所欲得其所惡是其故何也子墨子言曰是在王公大人爲政於國家者不能以尚賢事能爲政也是故國有賢良之士衆則國家之治厚賢良之士寡則國家之治薄故大人之務將在於衆賢而已曰然則衆賢之術將柰何哉子墨子言曰譬若欲衆其國之善射御之士者必將富之貴之敬之譽之然后國之善射御之士將可得而衆也況又有賢良之士厚乎德行辯

乎言談博乎道術者乎此固國家之珍而社稷之佐也亦必且富之貴之敬之譽之然後國之良士亦將可得而衆也是故古者聖王之爲政言曰不義不富不義不貴不義不親不義不近是以國之富貴人聞之皆退而謀曰始我所恃者富貴也今上舉義不辟貧賤然則我不可不爲義親者聞之亦退而謀曰始我所恃者親也今上舉義不辟親踈然則我不可不爲義近者聞之亦退而謀曰始我所恃者近也今上舉義不辟近然則我不可不爲義遠者聞之亦退而謀曰我始以遠爲無恃今上舉義不辟遠然則我不可不爲義逮至遠鄙郊外之臣門庭庶子國中之衆四鄙之萌人聞之皆競爲義是其故何也曰上之所以使

下者一物也下之所以事上者一術也譬之異者有高墻
深宮墻立既謹上爲鑿一門有盜人入闔其自入而求之
盜其無自出是其故何也則上得要也故古者聖王之爲
政列德而尚賢雖在農與工肆之人有能則舉之高予之
爵重予之祿任之以事斷予之令曰爵位不高則民弗敬
蓄祿不厚則民不信政令不斷則民不畏舉三者授之賢
者非爲賢賜也欲其事之成故當是時以德就列以官服
事以勞殿賞量功而分祿故官無常貴而民無終賤有能
則舉之無能則下之舉公義辟私怨此若言之謂也故古
者堯舉舜於服澤之陽授之政天下平禹舉益於陰方之
中授之政九州成湯舉伊尹於庖廚之中授之政其謀得

文王舉閎夭泰顛於罝罔之中授之政西土服故當是時雖在於厚祿尊位之臣莫不敬懼而施雖在農與工肆之人莫不競勸而尚意故士者所以爲輔相承嗣也故得士則謀不困體不勞名立而功業彰而惡不生則由得士也是故子墨子言曰得意賢士不可不舉不得意賢士不可不舉尚欲祖述堯舜禹湯之道將不可不以尚賢夫尚賢者政之本也

## 尚賢中第九

子墨子言曰今王公大人之君人民主社稷治國家欲脩保而勿失故不察尚賢爲政之本也何以知尚賢之爲政本也曰自貴且智者爲政乎愚且賤者則治自愚且賤者

爲政乎貴且智者則亂是以知尚賢之爲政本也故古者聖王甚尊尚賢而任使能不黨父兄不偏貴富不嬖顔色賢者舉而上之富而貴之以爲官長不肖者抑而廢之貧而賤之以爲徒役是以民皆勸其賞畏其罰相率而爲賢者以賢者衆而不肖者寡此謂進賢然後聖人聽其言迹其行察其所能而愼予官此謂事能故可使治國者使治國可使長官者使長官可使治邑者使治邑凡所使治國家官府邑里此皆國之賢者也賢者之治國者也蚤朝晏退聽獄治政是以國家治而刑法正賢者之長官也夜寢夙興收斂關市山林澤梁之利以實官府是以官府實而財不散賢者之治邑也蚤出莫入耕稼樹藝聚菽粟是以

彊

菽粟多而民足乎食故國家治則刑法正官府實則萬民富上有以絜爲酒醴粢盛以祭祀天鬼外有以爲皮幣與四鄰諸侯交接內有以食飢息勞將養其萬民外有以懷天下之賢人是故上者天鬼富之外者諸侯與之內者萬民親之賢人歸之以此謀事則得舉事則成入守則固出誅則彊故唯昔三代聖王堯舜禹湯文武之所以王天下正諸侯者此亦其法已既曰若法未知所以行之術則事猶若未成是以必爲置三本何謂三本曰爵位不高則民不敬矣蓄祿不厚則民不信也政令不斷則民不畏也故古聖王高予之爵重予之祿任之以事斷予之令夫豈爲其臣賜哉欲其事之成也詩曰告女憂卹誨女予爵孰能

執熱鮮不用濯則此語古者國君諸侯之不可以不執善承嗣輔佐也譬之猶執熱之有濯也將休其手焉古者聖王唯毋得賢人而使之般爵以貴之裂地以封之終身不厭賢人唯毋得明君而事之竭四肢之力以任君之事終身不倦若有美善則歸之上是以美善在上而所怨謗在下寧樂在君憂慼在臣故古者聖王之爲政若此今王公大人亦欲效人以尚賢使能爲政高予之爵而祿不從也夫高爵而無祿民不信也曰此非中實愛我也假藉而用我也夫假藉之民將豈能親其上哉故先王言曰食於政者不能分人以事厚於貨者不能分人以祿事則不與祿則不分請問天下之賢人將何自至乎王公大人之側哉

彊

若苟賢者不至乎王公大人之側則此不肖者在左右也不肖者在左右則其所譽不當賢而所罰不當暴王公大人尊此以爲政乎國家則賞亦必不當賢而罰亦必不當暴若苟賞不當賢而罰不當暴則是爲賢者不勸而爲暴者不沮矣是以入則不慈孝父母出則不長弟鄉里居處無節出入無度男女無別使治官府則盜竊守城則倍畔君有難則不死出亡則不從使斷獄則不中分財則不均與謀事不得舉事不成入守不固出誅不彊故雖昔者三代暴王桀紂幽厲之所以失措其國家傾覆其社稷者已此故也何則皆以明小物而不明大物也今王公大人有一衣裳不能制也必藉良工有一牛羊不能殺也必藉良

宰故嘗若之二物者王公大人未知以尚賢使能爲政也逮至其國家之亂社稷之危則不知使能以治之親戚則使之無故富貴面目佼好則使之夫無故富貴面目佼好則使之豈必智且有慧哉若使之治國家則此使不智慧者治國家也國家之亂既可得而知已且夫王公大人有所愛其色而使其心不察其知而與其愛是故不能治百人者使處乎千人之官不能治千人者使處乎萬人之官此其故何也曰若處官者爵高而祿厚故愛其色而使之焉夫不能治千人者使處乎萬人之官則此官什倍也夫治之法將日至者也日以治之日不什脩知以治之知不什益而予官什倍則此治一而棄其九矣雖日夜相接以

治若官官猶若不治此其故何也則王公大人不明乎以
尚賢使能爲政也故以尚賢使能爲政而治者夫若言之
謂也以下賢爲政而亂者若吾言之謂也今王公大人中
實將欲治其國家欲脩保而勿失胡不察尚賢爲政之本
也且以尚賢爲政之本者亦豈獨子墨子之言哉此聖王
之道先王之書距年之言也傳曰求聖君哲人以裨輔而
身湯誓曰聿求元聖與之戮力同心以治天下則此言聖
之不失以尚賢使能爲政也故古者聖王唯能審以尚賢
使能爲政無異物雜焉天下皆得其利古者舜耕歷山陶
河瀕漁雷澤堯得之服澤之陽舉以爲天子與接天下之
政治天下之民伊摯有莘氏女之私臣親爲庖人湯得之

民

舉以爲己相與接天下之政治天下之民傅說被褐帶索庸築乎傅巖武丁得之舉以爲三公與接天下之政治天下之民此何故始賤卒而貴始貧卒而富則王公大人明乎以尚賢使能爲政是以民無飢而不得食寒而不得衣勞而不得息亂而不得治者故古聖王以審以尚賢使能爲政而取法於天雖天亦不辯貧富貴賤遠邇親疏賢者舉而尚之不肖者抑而廢之然則富貴爲賢以得其賞者誰也曰若昔者三代聖王堯舜禹湯文武者是也以所得其賞何也曰其爲政乎天下也兼而愛之從而利之又率天下之萬民以尚尊天事鬼愛利萬民是故天鬼賞之立爲天子以爲民父母萬民從而譽之曰聖王至今不已則

此富貴爲賢以得其賞者也然則富貴爲暴以得其罰者誰也曰若昔者三代暴王桀紂幽厲者是也何以知其然也曰其爲政乎天下也兼而憎之從而賊之又率天下之民以詬天侮鬼賤傲萬民是故天鬼罰之使身死而爲刑戮子孫離散室家喪滅絶無後嗣萬民從而非之曰暴王至今不已則此富貴爲暴而以得其罰者也然則親而不善以得其罰者誰也曰若昔者伯鯀帝之元子廢帝之德庸既乃刑之于羽之郊乃熱照無有及也帝亦不愛則此親而不善以得其罰者也然則天之所使能者誰也曰若昔者禹稷皐陶是也何以知其然也先王之書呂刑道之曰皇帝清問下民有辭有苗曰羣后之肆在下明明不常

彊

鮌寡不蓋德威維威德明維明乃名三后恤功於民伯夷降典哲民維刑禹平水土主名山川稷降播種農殖嘉穀三后成功維假於民則此言三聖人者謹其言慎其行精其思慮索天下之隱事遺利以上事天則天鄉其德下施之萬民萬民被其利終身無已故先王之言曰此道也大用之天下則不究小用之則不困脩用之則萬民被其利終身無已周頌道之曰聖人之德若天之高若地之普其有昭於天下也若地之固若山之承不坼不崩若日之光若月之明與天地同常則此言聖人之德章明博大埴固以脩久也故聖人之德蓋總乎天地者也今王公大人欲王天下正諸侯夫無德義將何以哉其說將必挾震威彊

彊

今王公大人將焉取挾震威彊哉傾者民之死也民生爲甚欲死爲甚憎所欲不得而所憎屢至自古及今未嘗能有以此王天下正諸侯者也今大人欲王天下正諸侯將欲使意得乎天下名成乎後世故不察尚賢政之本也此聖人之厚行也

尚賢下第十

子墨子言曰天下之王公大人皆欲其國家之富也人民之衆也刑法之治也然而不識以尚賢爲政其國家百姓王公大人本失尚賢爲政之本也若苟王公大人本失尚賢爲政之本也則不能毋舉物示之乎今若有一諸侯於此爲政其國家也曰凡我國能射御之士我將賞貴之不

居處

能射御之士我將罪賤之問於若國之士孰喜孰懼我以爲必能射御之士喜不能射御之士懼我賞因而誘之矣曰凡我國之忠信之士我將賞貴之不忠信之士我將罪賤之問於若國之士孰喜孰懼我以爲必忠信之士喜不忠不信之士懼今惟毋以尚賢爲政其國家百姓使國爲善者勸爲暴者沮大以爲政於天下使天下之爲善者勸爲暴者沮然昔吾所以貴堯舜禹湯文武之道者何故以哉以其唯毋臨衆發政而治民使天下之爲善者可而勸也爲暴者可而沮也然則此尚賢者也與堯舜禹湯文武之道同矣而今天下之士君子處居言語皆尚賢逮至其臨衆發政而治民莫知尚賢而使能我以此知天下之士

君子明小而不明於大也何以知其然乎今王公大人有一牛羊之財不能殺必索良宰有一衣裳之財不能制必索良工當王公大人之於此也唯有骨肉之親無故富貴面目美好者實知其不能也不使之也是何故恐其敗財也當王公大人之於此也則不失尚賢而使能王公大人有一罷馬不能治必索良醫有一危弓不能張必索良工當王公大人之於此也雖有骨肉之親無故富貴面目美好者實知其不能也必不使是何故恐其敗財也當王公大人之於此也則不失尚賢而使能逮至其國家則不然王公大人骨肉之親無故富貴面目美好者則舉之則王公大人之親其國家也不若其親一危弓罷馬衣裳牛羊

之財與我以此知天下之士君子皆明於小而不明於大也此譬猶瘖者而使爲行人聾者而使爲樂師是故古之聖王之治天下也其所富其所貴未必王公大人骨肉之親無故富貴面目美好者也是故昔者舜耕於歷山陶於河瀕漁於雷澤灰於常陽堯得之服澤之陽立爲天子使接天下之政而治天下之民昔伊尹爲莘氏女師僕使爲庖人湯得而舉之立爲三公使接天下之政治天下之民昔者傅說居北海之洲圜土之上衣褐帶索庸築於傅巖之城武丁得而舉之立爲三公使之接天下之政而治天下之民是故昔者堯之舉舜也湯之舉伊尹也武丁之舉傅說也豈以爲骨肉之親無故富貴面目美好者哉唯法

其言用其謀行其道上可而利天中可而利鬼下可而利人是故推而上之古者聖王旣審尚賢欲以爲政故書之竹帛琢之槃盂傳以遺後世子孫於先王之書呂刑之書然王曰於來有國有土告女訟刑在今而安百姓女何擇言人何敬不刑何度不及能擇人而敬爲刑堯舜禹湯文武之道可及也是何也則以尚賢及之於先王之書豎年之言然曰晞夫聖武知人以屏輔而身此言先王之治天下也必選擇賢者以爲其羣屬輔佐曰今也天下言士君子皆欲富貴而惡貧賤曰然女何爲而得富貴而辟貧賤莫若爲賢爲賢之道將柰何曰有力者疾以助人有財者勉以分人有道者勸以教人若此則飢者得食寒者得衣

避

亂者得治若飢則得食寒則得衣亂則得治此安生生今王公大人其所富其所貴皆王公大人骨肉之親無故富貴面目美好者也今王公大人骨肉之親無故富貴面目美好者焉故必知哉若不知使治其國家則其國家之亂可得而知也今天下之士君子皆欲富貴而惡貧賤然女何為而得富貴而辟貧賤哉曰莫若為王公大人骨肉之親無王公大人骨肉之親無故富貴面目美好者此非可學能者也使不知辯德行之厚若禹湯文武不加得也王公大人骨肉之親躄瘖聾暴為桀紂不加失也是故以賞不當賢罰不當暴其所賞者已無故矣其所罰者亦無罪是以使百姓皆攸心解體沮以為善垂其股肱之力而不

相勞來也腐臭餘財而不相分資也隱匿良道而不相教
誨也若此則飢者不推而上之以是故昔者堯有舜舜有
禹禹有皐陶湯有小臣武王有閎夭泰顛南宮括散宜生
得此不勸譽且今天下之王公大人士君子中實將欲爲
仁義求爲上士上欲中聖王之道下欲中國家百姓之利而
天下和庶民阜是以近者安之遠者歸之日月之所照舟
車之所及雨露之所漸粒食之所養故尚賢之爲說而不
可不察此者也尚賢者天鬼百姓之利而政事之本也

墨子卷之二終　　道藏本校　沛二

無終字

墨子卷之三

尚同上第十一

子墨子言曰古者民始生未有形政之時蓋其語人異義是以一人則一義二人則二義十人則十義其人玆衆其所謂義者亦玆衆是以人是其義以非人之義故交相非是也以內者父子兄弟作怨惡離散不能相和合天下之百姓皆以水火毒藥相虧害至有餘力不能以相勞腐列餘財不以相分隱匿良道不以相教天下之亂若禽獸然夫明虖天下之所以亂者生於無政長是故選天下之賢可者立以爲天子天子立以其力爲未足又選擇天下之賢可者置立之以爲三公天子三公既以立以天下爲博

大遠國異土之民是非利害之辯不可一二而明知故畫
分萬國立諸侯國君諸侯國君既已立以其力爲未足又
選擇其國之賢可者置立之以爲正長正長既已具天子
發政於天下之百姓言曰聞善而不善皆以告其上上之
所是必皆是之所非必皆非之上有過則規諫之下有善
則傍薦之上同而不下比者此上之所賞而下之所譽也
意若聞善而不善不以告其上上之所是弗能是上之所
非弗能非上有過弗規諫下有善弗傍薦下比不能上同
者此上之所罰而百姓所毁也上以此爲賞罰其明察以
審信是故里長者里之仁人也里長發政里之百姓言曰
聞善而不善必以告其鄉長鄉長之所是必皆是之鄉長

哉

之所非必皆非之去若不善言學鄉長之善言去若不善行學鄉長之善行則鄉何說以亂哉察鄉之所治者何也鄉長唯能壹同鄉之義是以鄉治也鄉長者鄉之仁人也鄉長發政鄉之百姓言曰聞善而不善者必以告國君國君之所是必皆是之國君之所非必皆非之去若不善言學國君之善言去若不善行學國君之善行則國何說以亂哉察國之所以治者何也國君唯能壹同國之義是以國治也國君者國之仁人也國君發政國之百姓言曰聞善而不善必以告天子天子之所是皆是之天子之所非皆非之去若不善言學天子之善言去若不善行學天子之善行則天下何說以亂哉察天下之所以治者何也天

子唯能壹同天下之義是以天下以治也天下之百姓皆上同於天而不上同於天則菑猶未去也今若天飄風苦雨溱溱而至者此天之所以罰百姓之不上同於天者也是故子墨子言曰古者聖王為五刑請以治其民譬若絲縷之有紀罔罟之有綱所連收天下之百姓不尚同其上者也

## 尚同中第十二

子墨子曰方今之時復古之民始生未有正長之時蓋其語曰天下之人異義是以一人一義十人十義百人百義其人數茲衆其所謂義者亦茲衆是以人是其義而非人之義故交相非也內之父子兄弟作怨讎皆有離散之心

不能相和合至乎舍餘力不以相勞隱匿良道不以相教腐列餘財不以相分天下之亂也至如禽獸然無君臣上下長幼之節父子兄弟之禮是以天下亂焉明乎民之無正長以一同天下之義而天下亂也是故選擇天下賢良聖知辯慧之人立以爲天子使從事乎一同天下之義天子既已立矣以爲唯其耳目之請不能獨一同天下之義是故選擇天下贊閱賢良聖知辯慧之人置以爲三公與從事乎一同天下之義天子三公既已立矣以爲天下博大山林遠土之民不可得而一也是故靡分天下設以爲萬諸侯國君使從事乎一同其國之義國君既已立矣又以爲唯其耳目之請不能一同其國之義是故擇其國之

其

賢者置以爲左右將軍大夫以遠至乎鄉里之長與從事乎一同其國之義天子諸侯之君民之正長既已定矣天子爲發政施教曰凡聞見善者必以告其上聞見不善者亦必以告其上上之所是必亦是之上之所非必亦非之已有善傍薦之上有過規諫之尚同義其上而毋有下比之心上得則賞之萬民聞則譽之意若聞見善不以告其上聞見不善亦不以告其上上之所是不能是上之所非不能非已有善不能傍薦之上有過不能規諫之下比而非其上者上得則誅罰之萬民聞則非毀之故古者聖王之爲刑政賞譽也甚明察以審信是以舉天下之人皆欲得上之賞譽而畏上之毀罰是故里長順天子政而一同

其里之義里長既同其里之義率其里之萬民以尚同乎鄉長曰凡里之萬民皆尚同乎鄉長而不敢下比鄉長之所是必亦是之鄉長之所非必亦非之去而不善言學鄉長之善言去而不善行學鄉長之善行鄉長固鄉之賢者也舉鄉人以法鄉長夫鄉何說而不治哉察鄉長之所以治鄉者何故之以也曰唯以其能一同其鄉之義是以鄉治其鄉而鄉既以治矣有率其鄉萬民以尚同乎國君曰凡鄉之萬民皆上同乎國君而不敢下比國君之所是必亦是之國君之所非必亦非之去而不善言學國君之善言去而不善行學國君之善行國君固國之賢者也舉國人以法國君夫國何說而不治哉察國君之所以治國而

雪霜

國治者何故之以也曰唯以其能一同其國之義是以國
治國君治其國而既已治矣有率其國之萬民以尚同乎
天子曰凡國之萬民上同乎天子而不敢下比天子之所
是必亦是之天子之所非必亦非之去而不善言學天子
之善言去而不善行學天子之善行天子者固天下之仁
人也舉天下之萬民以法天子夫天子何説而不治哉察
天子之所以治天下者何故之以也曰唯以其能一同天
下之義是以天下治夫既尚同乎天子而未尚同乎天者
則天菑將猶未止也故當若天降寒熱不節雪霜雨露不
時五穀不熟六畜不遂疾菑戾疫飄風苦雨荐臻而至者
此天之降罰也將以罰下人之不尚同乎天者也故古者

下不量不幾不彊彊

聖王明天鬼之所欲而避天鬼之所憎以求興天下之利除天下之害是以率天下之萬民齋戒沐浴絜爲酒醴粢盛以祭祀天鬼其事鬼神也酒醴粢盛不敢不蠲絜犧牲不敢不腯肥珪璧幣帛不敢不中度量春秋祭祀不敢失時幾聽獄不敢不中分財不敢不均居處不敢怠慢曰其爲正長若此是故出誅勝者何故之以也曰唯以尚同爲政者也故古者聖王之爲政若此今天下之人曰方今之時天鬼之福可得也萬民之所便利而能彊從事焉則萬民之親可得也其爲政若此是以謀事舉事成入守固上者天鬼有厚乎其爲政長也下者萬民有便利乎其爲政長也天鬼之所深厚而彊從事焉則天下之正長猶未廢

乎天下也而天下之所以亂者何故之以也子墨子曰方今之時之以正長則本與古者異矣譬之若有量之以五刑然昔者聖王制爲五刑以治天下逮至有苗之制五刑以亂天下則此豈刑不善哉用刑則不善也是以先王之書以刑之道曰苗民否用練折則刑唯作五殺之刑曰法則此言善用刑者以治民不善用刑者以爲五殺則此豈刑不善哉用刑則不善故遂以爲五殺是以先王之書術令之道曰唯口出好興戎則此言善用口者出好不善用口者以爲讒賊寇戎則此豈口不善哉用口則不善也故遂以爲讒賊寇戎故古者之置正長也將以治民也譬之若絲縷之有紀而罔罟之有綱也將以運役天下淫暴而

古

一同其義也是以先王之書相年之道曰夫建國設都乃作后王君公否用泰也輕大夫師長否用佚也維辯使治天均則此語古者上帝鬼神之建設國都立正長也非高其爵厚其祿富貴佚而錯之也將以爲萬民興利除害富貴貧寡安危治亂也故古者聖王之爲若此今王公大人之爲刑政則文此政以爲便譬宗於父兄故舊以爲左右置以爲正長民知上置正長之非正以治民也是以皆比周隱匿而莫肯尚同其上是故上下不同義若苟上下不同義賞譽不足以勸善而刑罰不足以沮暴何以知其然也曰上唯毋立而爲政乎國家爲民正長曰人可賞吾將賞之若苟上下不同義上之所賞則衆之所非曰人衆與

處於衆得非則是雖使得上之賞未足以勸乎上唯毋立
而爲政乎國家爲民正長曰人可罰吾將罰之若苟上下
不同義上之所罰則衆之所譽曰人衆與處於衆得譽則
是雖使得上之罰未足以沮乎若立而爲政乎國家爲民
正長賞譽不足以勸善而刑罰不可以沮暴則是不與鄉
吾本言民始生未有正長之時同乎若有正長與無正長
之時同則此非所以治民一衆之道故古者聖王唯而以
尚同以爲正長是上下情請爲通上有隱事遺利下得而
利之下有蓄怨積害上得而除之是以數千萬里之外有
爲善者其室人未徧知鄉里未徧聞天子得而賞之數千
萬里之外有爲不善者其室人未徧知鄉里未徧聞天子

古

得而罰之是以舉天下之人皆恐懼振動惕慄不敢為淫暴曰天下之視聽也神先王之言曰非神也夫唯能使人之耳目助已視聽使人之吻助已言談使人之心助已思慮使人之股肱助已動作助之視聽者衆則其所聞見者遠矣助之言談者衆則其德音之所撫循者博矣助之思慮者衆則其談謀度速得矣助之動作者衆即舉其事速成矣故古者聖人之所以濟事成功垂名於後世者無他故異物焉曰唯能以尚同為政者也是以先王之書周頌之道之曰載來見彼王　求厥章則此語古者國君諸侯之以春秋來朝聘天子之廷受天子之嚴教退而治國政之所加莫敢不賓當此之時本無有敢紛天子之教者詩

曰我馬維駱六轡沃若載馳載驅周爰咨度又曰我馬維騏六轡若絲載馳載驅周爰咨謀即此語也古者國君諸侯之聞見善與不善也皆馳驅以告天子是以賞當賢罰當暴不殺不辜不失有罪則此尚同之功也是故子墨子曰今天下之王公大人士君子請將欲富其國家衆其人民治其刑政定其社稷當若尚同之不可不察此之本也

## 尚同下第十三

子墨子言曰知者之事必計國家百姓所以治者而爲之必計國家百姓之所以亂者而辟之然計國家百姓之所以治者何也上之爲政得下之情則治不得下之情則亂何以知其然也上之爲政得下之情則是明民於善非也

苟若明於民之善非也則得善人而賞之得暴人而罰之也善人賞而暴人罰則國必治上之爲政也不得下之情則是不明於民之善非也若苟不明於民之善非則以不得善人而賞之不得暴人而罰之善人不賞而暴人不罰爲政若此國衆必亂故賞不得下之情而不可不察者也然計得下之情將柰何可故子墨子曰唯能以尚同一義爲政然後可矣何以知尚同一義之可而爲政於天下也然胡不審稽古之治爲政之說乎古者天之始生民未有正長也百姓爲人若苟百姓爲人是一人一義十人十義百人百義千人千義逮至人之衆不可勝計也則其所謂義者亦不可勝計此皆是其義而非人之義是以厚者有

闘而薄者有爭是故天下之欲同一天下之義也是故選擇賢者立爲天子天子以其知力爲未足獨治天下是以選擇其次立爲三公三公又以其知力爲未足獨左右天子也是以分國建諸侯諸侯又以其知力爲未足獨治其四境之内也是以選擇其次立爲卿之宰卿之宰又以其知力爲未足獨左右其君也是以選擇其次立而爲鄉長家君是故古者天子之立三公諸侯卿之宰鄉長家君非特富貴游佚而擇之也將使助治亂刑政也故古者建國設都乃立后王君公奉以卿士師長此非欲用說也唯辯而使助治天助明也令此何爲人上而不能治其下爲人下而不能事其上則是上下相賊也何故以然則義不同

也若苟義不同者有黨上以若人爲善將毀之若人唯使得上之賞而辟百姓之毀是以爲善者必未可使勸見有賞也上以若人爲暴將罰之若人唯使得上之罰而懷百姓之譽是以爲暴者必未可使沮見有罰也故計上之賞譽不足以勸善計其毀罰不足以沮暴此何故以然則欲同一天下之義將柰何可故子墨子言曰然胡不賞使家君試用家君發憲布令其家曰若見愛利家者必以告若見惡賊家者亦必以告若見愛利家以告亦猶愛利家者也上得且賞之衆聞則譽之若見惡賊家不以告亦猶惡賊家者也上得且罰之衆聞則非之是以徧若家之人皆欲得其長上之賞譽辟其毀罰是以善言之家君得善人

此

而賞之得暴人而罰之善人之賞而暴人之罰則家必治矣然計若家之所以治者何也唯以尚同一義爲政故也家既已治國之道盡此已邪則未也天下爲家數也甚多此皆是其家而非人之家是以厚者有亂而薄者有爭故又使家君總其家之以尚同於國君國君亦爲發憲布令於國之衆曰若見愛利國者必以告若見惡賊國者亦必以告若見愛利國以告者亦猶愛利國者也上得且賞之衆聞則譽之若見惡賊國不以告者亦猶惡賊國者也上得且罰之衆聞則非之是以徧若國之人皆欲得其長上之賞譽避其毀罰是以民見善者言之見不善者言之國君得善人而賞之得暴人而罰之善人賞而暴人罰則國

必治矣然計若國之所以治者何也唯能以尚同一義爲政故也國既已治矣天下之道盡此已耶則未也天下之爲國數也甚多此皆是國而非人之國是以厚者有載而薄者有爭故又使國君選其國之義以義尚同於天子天子亦爲發憲布令於天下之衆曰若見愛利天下者必以告若見惡賊天下者亦以告若見愛利天下以告者亦猶愛利天下者也上得則賞之衆聞則譽之若見惡賊天下不以告者亦猶惡賊天下者也上得且罰之衆聞則非之是以徧天下之人皆欲得其長上之賞譽避其毀罰是以見善不善者告之天子得善人而賞之得暴人而罰之善人賞而暴人罰之天下必治矣然計天下之所以治者何

已

也唯而以尚同一義爲政故也天下既以治天子又總天
下之義以尚同於天故當尚同之爲說也尚同之天子可
以治天下矣中用之諸侯可而治其國矣小用之家君可
用而治其家矣是故大用之治天下不窕小用之治一國
一家而不橫者若道之謂也故曰治天下之國若治一家
使天下之民若使一夫意獨子墨子有此而先王無此其
有邪則亦然也聖王皆以尚同爲政故天下治何以知其
然也於先王之書也大誓之言然曰小人見姦巧乃聞不
言也發罪鈞此言見淫辟不以告者其罪亦猶淫辟者也
故古之聖王治天下也其所差論以自左右羽翼者皆良
外爲之人助之視聽者衆故與人謀事先人得之與人舉

彊　哉

事先人成之先之譽令聞先人發之唯信身而從事故利若此古者有語焉曰一目之視也不若二目之視也一耳之聽也不若二耳之聽也一手之操也不若二手之彊也夫唯能信身而從事故利若此是故古之聖王之治天下也千里之外有賢人焉其鄉里之人皆未之均聞見也聖王得而賞之千里之內有暴人焉其鄉里未之均見也聖王得而罰之故唯毋以聖王爲聰耳明目與豈能一視而通見千里之外哉一聽而通聞千里之外哉聖王不往而視也不就而聽也然而使天下之爲寇亂盜賊者周流天下無所重足者何也其以尚同爲政善也是故子墨子曰凡使民尚同者愛民不疾民無可使曰必疾愛而使之致信而

持之富貴以道其前明罰以率其後爲政若此唯欲毋與我同將不可得也是以子墨子曰今天下王公大人士君子中情將欲爲仁義求爲上士上欲中聖之道下欲中國家百姓之利故當尚同之說而不察尚同爲政之本而治要也

墨子卷之三終

無終字

道藏本校　沛三

墨子卷之四

兼愛上第十四

聖人以治天下爲事者也必知亂之所自起焉能治之不知亂之所自起則不能治譬之如醫之攻人之疾者然必知疾之所自起焉能攻之不知疾之所自起則弗能攻治亂者何獨不然必知亂之所自起焉能治之不知亂之所自起則弗能治聖人以治天下爲事者也不可不察亂之所自起當察亂何自起起不相愛臣子之不孝君父所謂亂也子自愛不愛父故虧父而自利弟自愛不愛兄故虧兄而自利臣自愛不愛君故虧君而自利此所謂亂也雖父之不慈子兄之不慈弟君之不慈臣此亦天下之所謂

虧　天下　不

亂也父自愛也不愛子故虧子而自利兄自愛也不愛弟故虧弟而自利君自愛也不愛臣故虧臣而自利是何也皆起不相愛雖至天下之爲盜賊者亦然盜愛其室不愛其異室故竊異室以利其室賊愛其身不愛人故賊人以利其身此何也皆起不相愛雖至大夫之相亂家諸侯之相攻國者亦然大夫各愛家不愛異家故亂異家以利家諸侯各愛其國不愛異國故攻異國以利其國天下之亂物具此而已矣察此何自起皆起不相愛若使天下兼相愛人若愛其身惡施不孝猶有不慈者乎視子弟與臣若其身惡施不慈不孝亡猶有盜賊乎故視人之室若其室誰竊視人身若其身誰賊故盜賊有亡猶有大夫之相亂

家諸侯之相攻國者乎視人家若其家誰亂視人國若其國誰攻故大夫之相亂家諸侯之相攻國者有亡若使天下兼相愛國與國不相攻家與家不相亂盜賊無有君臣父子皆能孝慈若此則天下治故聖人以治天下爲事者惡得不禁惡而勸愛故天下兼相愛則治相惡則亂故子墨子曰不可以不勸愛人者此也

兼愛中第十五

子墨子言曰仁人之所以爲事者必興天下之利除去天下之害以此爲事者也然則天下之利何也天下之害何也子墨子言曰今若國之與國之相攻家之與家之相篡人之與人之相賊君臣不惠忠父子不慈孝兄弟不和調

則此天下之害也然則崇此害亦何用生哉以不相愛生
耶子墨子言以不相愛生今諸侯獨知愛其國不愛人之
國是以不憚舉其國以攻人之國今家主獨知愛其家而
不愛人之家是以不憚舉其家以篡人之家今人獨知愛
其身不愛人之身是以不憚舉其身以賊人之身是故諸
侯不相愛則必野戰家主不相愛則必相篡人與人不相
愛則必相賊君臣不相愛則不惠忠父子不相愛則不慈
孝兄弟不相愛則不和調天下之人皆不相愛強必執弱
富必侮貧貴必敖賤詐必欺愚凡天下禍篡怨恨其所以
起者以不相愛生也是以仁者非之既以非之何以易之
子墨子言曰以兼相愛交相利之法易之然則兼相愛交

奈

相利之法將奈何哉子墨子言視人之國若視其國視人之家若視其家視人之身若視其身是故諸侯相愛則不野戰家主相愛則不相簒人與人相愛則不相賊貴不敖賤詐不欺愚凡天下禍簒怨恨可使毋起者以仁者譽之然而今天下之士君臣相愛則惠忠父子相愛則慈孝兄弟相愛則和調天下之人皆相愛強不執弱衆不刼寡富不侮貧子墨子曰然乃若兼則善矣雖然天下之難物于故也子墨子言曰天下之士君子特不識其利辯其故也今若夫攻城野戰殺身爲名此天下百姓之所皆難也苟君說之則士衆能爲之況於兼相愛交相利則與此異夫愛人者人必從而愛之利人者人必從而利之惡人者人

餘

必從而惡之害人者人必從而害之此何難之有特上弗以爲政士不以爲行故也昔者晉文公好士之惡衣故文公之臣皆牂羊之裘韋以帶劍練帛之冠入以見於君出以踐朝是其故何也君說之故臣爲之也昔者楚靈王好士細腰故靈王之臣皆以一飯爲節脅息然後帶扶牆然後起比期年朝有黧黑之色是其故何也君說之故臣能之也昔越王句踐好士之勇教馴其臣和合之焚舟失火試其上曰越國之寶盡在此越王親自鼓其士而進之曰上聞鼓音破碎亂行蹈火而死者左右百人有餘越王擊金而退之是故子墨子言曰乃若夫少食惡衣殺身而爲名此天下百姓之所皆難也若苟君說之則衆能爲之況

兼相愛交相利與此異矣夫愛人者人亦從而愛之利人者人亦從而利之惡人者人亦從而惡之害人者人亦從而害之此何難之有焉特上不以爲政而士不以爲行故也然而今天下之士君子曰然乃若兼則善矣雖然不可行之物也譬若挈太山越河濟也子墨子言是非其譬也夫挈太山而越河濟可謂畢劫有力矣自古及今未有能行之者也況乎兼相愛交相利則與此異古者聖王行之何以知其然古者禹治天下西爲西河漁竇以泄渠孫皇之水北爲防原派注后之邸嘑池之竇洒爲底柱鑿爲龍門以利燕代胡貉與西河之民東方漏之陸防孟諸之澤灑爲九澮以楗東土之水以利冀州之民南爲江漢淮汝

壽　貿

東流之注五湖之處以利楚荊越與南夷之民此言禹之事吾今行兼矣昔者文王之治西土若日若月乍光于四方于西土不為大國侮小國不為衆庶侮鰥寡不為暴勢奪穡人黍稷狗彘天屑臨文王慈是以老而無子者有所得終其壽連獨無兄弟者有所雜於生人之間少失其父母者有所放依而長此文王之事則吾今行兼矣昔者武王將事泰山隧傳曰泰山有道曾孫周王有事大事既獲仁人尚作以祗商夏蠻夷醜貉雖有周親不若仁人萬方有罪維予一人此言武王之事吾今行兼矣是故子墨子言曰今天下之君子忠實欲天下之富而惡其貧欲天下之治而惡其亂當兼相愛交相利此聖王之法天下之

治道也不可不務爲也

兼愛下第十六

子墨子言曰仁人之事者必務求興天下之利除天下之害然當今之時天下之害孰爲大曰若大國之攻小國也大家之亂小家也强之劫弱衆之暴寡詐之謀愚貴之敖賤此天下之害也又與爲人君者之不惠也臣者之不忠也父者之不慈也子者之不孝也此又天下之害也又與今人之賤人執其兵刃毒藥水火以交相虧賊此又天下之害也姑嘗本原若衆害之所自此胡自生此自愛人利人生與即必曰非然也必曰從惡人賊人生分名乎天下惡人而賊人者兼與別與即必別也然即之交別者果生

即

天下之大害者與是故別非也子墨子曰非人者必有以易之若非人而無以易之譬之猶以水救火也其說將必無可焉是故子墨子曰兼以易別然即兼之可以易別之故何也曰藉爲人之國若爲其國夫誰獨舉其國以攻人之國者哉爲彼者由爲已也爲人之都若爲其都夫誰獨舉其都以伐人之都者哉爲彼猶爲已也爲人之家若爲其家夫誰獨舉其家以亂人之家者哉爲彼猶爲已也然即國都不相攻伐人家不相亂賊此天下之害與天下之利與即必曰天下之利也姑嘗本原若衆利之所自生此胡自生此自惡人賊人生與即必曰非然也必曰從愛人利人生分名乎天下愛人而利人者別與兼與即必曰兼

與

即若

必然即之交兼者果生天下之大利者與是故子墨子曰
兼是也且鄉吾本言曰仁人之事者必務求興天下之利
除天下之害今吾本原兼之所生天下之大利者也吾本
原別之所生天下之大害者也是故子墨子曰別非而兼
是者出乎若方也今吾將正求與天下之利而取之以兼
爲正是以聰耳明目相爲視聽乎是以股肱畢強相爲動
爲宰乎而有道肆相教誨是以老而無妻子者有所侍養
以終其壽幼弱孤童之無父母者有所放依以長其身今
唯毋以兼爲正即若其利也不識天下之士所以皆聞兼
而非者其故何也然而天下之士非兼者之言猶未止也
曰即善矣雖然豈可用哉子墨子曰用而不可難哉亦將

為友上無者字

非之且焉有善而不可用者姑嘗兩而進之誰以爲二士使其一士者執別使其一士者執兼是故別士之言曰吾豈能爲吾友之身若爲吾身若爲友之親若爲吾親是故退睹其友飢即不食寒即不衣疾病不侍養死喪不葬埋別士之言若此行若此兼士之言不然行亦不然曰吾聞爲髙上於天下者必爲其友之身若爲其身爲其友之親若爲其親然後可以爲高上天下是故退睹其友飢則食之寒則衣之疾病侍養之死喪葬埋之兼士之言若此行若此若之二士者言相非而行相反與當使若二士者言必信行必果使言行之合猶合符節也無言而不行也然即敢問今有平原廣野於此被甲嬰冑將往戰死生之權未

之　幾　駟馳

可識也又有君大夫之遠使於巴越齊荆往來及否未及否未可識也然即敢問不識將惡也家室奉承親戚提挈妻子而寄託之不識於兼之有是乎於別之有是乎哉以爲當其於此也天下無愚夫愚婦雖非兼之人必寄託之於兼之有是也此言而非兼擇即取兼即此言兼費也不識天下之士所以皆聞兼而非之者其故何也然而天下之士非兼者之言猶未止也曰意可以擇士而不可以擇君乎姑嘗兩而進之誰以爲二君使其一君者執兼使其一君者執別是故別君之言曰吾惡能爲吾萬民之身若爲吾身此泰非天下之情也人之生乎地上之無幾何也譬之猶駟馳而過隙也是故退睹其萬民飢即不食寒即

睹　即　即　即



不衣疾病不侍養死喪不葬埋別君之言若此行若此兼君之言不然行亦不然曰吾聞爲明君於天下者必萬民之身後爲其身然後可以爲明君於天下是故退睹萬民飢即食之寒即衣之疾病侍養之死喪葬埋之兼君之言若此行若此然郎交若之二君者言相非而行相反與常使若二君者言必信行必果使言行之合猶合符節也無言而不行也然郎敢問今歲有癘疫萬民多有勤苦凍餒轉死溝壑中者既已衆矣不識將擇之二君者將何從也我以爲當其於此也天下無愚夫愚婦雖非兼者必從兼君是也言而非兼擇郎此言行拂也不識天下所以皆聞兼而非之者其故何也然而天下之士非兼者之言也

即

獨未止也曰兼即仁矣義矣雖然豈可爲哉吾譬兼之不可爲也猶挈泰山以超江河也故兼者直願之也夫豈可爲之物哉子墨子曰夫挈泰山以超江河自古之及今生民而來未嘗有也今若夫兼相愛交相利此自先聖六王者親行之何知先聖六王之親行之也子墨子曰吾非與之並世同時親聞其聲見其色也以其所書於竹帛鏤於金石琢於槃盂傳遺後世子孫者知之泰誓曰文王若日若月乍照光于四方于西土郎此言文王之兼愛天下之博大也譬之日月兼照天下之無有私也即此文王兼也雖子墨子之所謂兼者於文王取法焉且不唯泰誓爲然雖禹誓即亦猶是也禹曰濟濟有衆咸聽朕言非惟小子

羣　即　即　即



敢行稱亂蠢茲有苗用天之罰若予既率爾群對諸群以
征有苗禹之征有苗也非以求以重富貴干福禄樂耳目
也以求興天下之利除天下之害即此禹兼也雖子墨子
之所謂兼者於禹求焉且不唯禹誓爲然雖湯說即亦猶
是也湯曰惟予小子履敢用玄牡告于上天后曰今天大
旱即當朕身履未知得罪于上下有善不敢蔽有罪不敢
赦簡在帝心萬方有罪即當朕身朕身有罪無及萬方郎
此言湯貴爲天子富有天下然且不憚以身爲犧牲以祠
說于上帝鬼神郎此湯兼也雖子墨子之所謂兼者於湯
取法焉且不唯誓命與湯說爲然周詩郎亦猶是也周詩
曰王道蕩蕩不偏不黨王道平平不黨不偏其直若矢其

即

易若底君子之所履小人之所視若吾言非語道之謂也古者文武為正均分賞賢罰暴勿有親戚弟兄之所阿即此文武兼也雖子墨子之所謂兼者於文武取法焉不識天下之人所以皆聞兼而非之者其故何也然而天下之非兼者之言猶未止曰意不忠親之利而害為孝乎子墨子曰姑嘗本原之孝子之為親度者吾不識孝子之為親度者亦欲人愛利其親與意欲人之惡賊其親與以說觀之即欲人之愛利其親也然即吾惡先從事即得此若我先從事乎愛利人之親然後人報我愛利吾親乎意我先從事乎惡人之親然後人報我以愛利吾親乎即必吾先從事乎愛利人之親然後人報我以愛利吾親也然即之

士

偃鼓

交孝子者果不得已乎毋先從事愛利人之親者與意以
天下之孝子爲遇而不足以爲正乎姑嘗本原之先王之
所書大雅之所道曰無言而不讎無德而不報投我以桃
報之以李卽此言愛人者必見愛也而惡人者必見惡也
不識天下之士所以皆聞兼而非之者其故何也意以爲
難而不可爲邪嘗有難此而可爲者昔荆靈王好小腰當
靈王之身荆國之士飯不踰乎一固據而後興扶垣而後
行故約食爲其難爲也然後爲而靈王説之未踰於世而
民可移也卽求以鄉其上也昔者越王勾踐好勇教其士
臣三年以其知爲未足以知之也焚舟失火鼓而進之其
士偃前列伏水火而死有不可勝數也當此之時不鼓而

郎

退也越國之士可謂顫矣故焚身爲其難爲也然後爲之越王說之未踰於世而民可移也即求以鄉上也昔者晉文公好苴服當文公之時晉國之士大布之衣牂羊之裘練帛之冠且苴之屨入見文公出以踐之朝故苴服爲其難爲也然後爲而文公說之未踰於世而民可移也即求以鄉其上也是故約食焚舟苴服此天下之至爲難也然後爲而上說之未踰於世而民可移也何故也即求以鄉其上也今若夫兼相利此其有利且易爲也不可勝計也我以爲則無有上說之者而已矣苟有上說之者勸之以賞譽威之以刑罰我以爲人之於就兼相愛交相利也譬之猶火之就上水之就下也不可防止於天下故兼者聖

王之道也王公大人之所以安也萬民衣食之所以足也
故君子莫若審兼而務行之爲人君必惠爲人臣必忠爲
人父必慈爲人子必孝爲人兄必友爲人弟必悌故君子
莫若欲爲惠君忠臣慈父孝子友兄悌弟當若兼之不可
不行也此聖王之道而萬民之大利也

無終字

墨子卷之四終

道藏本校　沛四

墨子卷之五

非攻上第十七

今有一人入人園圃竊其桃李衆聞則非之上爲政者得則罰之此何也以虧人自利也至攘人犬豕雞豚者其不義又甚入人園圃竊桃李是何故也以虧人愈多其不仁兹甚罪益厚至入人欄廄取人馬牛者其不仁義又甚攘人犬豕雞豚此何故也以其虧人愈多苟虧人愈多其不仁兹甚罪益厚至殺不辜人也扡其衣裘取戈劒者其不義又甚入人欄廄取人馬牛此何故也以其虧人愈多苟虧人愈多其不仁兹甚矣罪益厚當此天下之君皆知而非之謂之不義今至大爲攻國則弗知非從而譽之謂之

義此何謂知義與不義之別乎殺一人謂之不義必有一死罪矣若以此說往殺十人十重不義必有十死罪矣殺百人百重不義必有百死罪矣當此天下之君子皆知而非之謂之不義今至大爲不義攻國則弗知非從而譽之謂之義情不知其不義也故書其言以遺後世若知其不義也夫奚說書其不義以遺後世哉今有人於此少見黑曰黑多見黑曰白則以此人不知白黑之辯矣少嘗苦曰苦多嘗苦曰甘則必以此人爲不知甘苦之辯矣今小爲非則知而非之大爲非攻國則不知而非從而譽謂之之義此可謂知義與不義之辯乎是以知天下之君子也辯義與不義之亂也

糧

非攻中第十八

子墨子言曰古者王公大人爲政於國家者情欲譽之審賞罰之當刑政之不過失是故子墨子曰古者有語謀而不得則以往知來以見知隱謀若此可得而知矣今師徒唯毋興起冬行恐寒夏行恐暑此不可以冬夏爲者也春則廢民耕稼樹藝秋則廢民穫斂今唯毋廢一時則百姓飢寒凍餒而死者不可勝數今嘗計軍上竹箭羽旄幄幕甲盾撥劫往而靡弊腑冷不及者不可勝數又與矛戟戈劒乘車其列住碎折靡弊而不及者不可勝數與其馬牛肥而往瘠而反往死亡而不及者不可勝數與其涂道之脩遠糧食輟絶而不繼百姓死者不可勝數也與其居處

所



之不安食飯之不時飢飽之不節百姓之道疾病而死者不可勝數喪師多不可勝數喪師盡不可勝計則是鬼神之喪其主后亦不可勝數國家發政奪民之用廢民之利若此甚衆然而何爲爲之曰我貪伐勝之名及得之利故爲之子墨子言曰計其所自勝無所可用也計其所得反不如所喪者之多今攻三里之城七里之郭攻此不用銳且無殺而徒得此然也殺人多必數於萬寡必數於千然後三里之城七里之郭且可得也今萬乘之國虛數於千不勝而入廣衍數於萬不勝而辟然則土地者所有餘也王民者所不足也今盡王民之死嚴下上之患以爭虛城則是棄所不足而重所有餘也爲政若此非國之務者也

飾攻戰者也言南則荆吳之王北則齊晉之君始封於天下之時其土地之方未至有數百里也人徒之衆未至有數十萬人也以攻戰之故土地之博至有數千里也人徒之衆至有數百萬人故當攻戰而不可爲也子墨子言曰雖四五國則得利焉猶謂之非行道也譬若醫之藥人之有病者然今有醫於此和合其祝藥之于天下之有病者而藥之萬人食此若醫四五人得利焉猶謂之非行藥也故孝子不以食其親忠臣不以食其君古者封國於天下尚者以耳之所聞近者以目之所見以攻戰亡者不可勝數何以知其然也東方有莒之國者其爲國甚小間於大國之間不敬事於大夫國亦弗之從而愛利是以東者越

人夾削其壤地西者齊人兼而有之計莒之所以亡於齊越之間者以是攻戰也雖南者陳蔡其所以亡於吳越之間者亦以攻戰雖北者且一不著何其所以亡於燕代胡貊之間者亦以攻戰也是故子墨子言曰古者王公大人情欲得而惡失欲安而惡危故當攻戰而不可不非飾攻戰者之言曰彼不能收用彼衆是故亡我能收用我衆以此攻戰於天下誰敢不賓服哉子墨子言曰子雖能收用子之衆子豈若古者吳闔閭哉古者吳闔閭教七年奉甲執兵奔三百里而舍焉次注林出於冥隘之徑戰於柏舉中楚國而朝宋與及魯至夫差之身比而攻齊舍於汶上戰於艾陵大敗齊人而葆之大山東而攻越濟三江五湖

而葆之會稽九夷之國莫不賓服於是退不能嘗孤施舍
群萌自恃其力伐其功譽其智怠於教遂築姑蘇之臺七
年不成及若此則吳有離罷之心越王句踐視吳上下不
相得收其衆以復其讎入北郭徙大內圍王宮而吳國以
亡昔者晉有六將軍而智伯莫為強焉計其土地之博人
徒之衆欲以抗諸侯以為英名攻戰之速故差論其爪牙
之士皆別舟車之衆以攻中行氏而有之以其謀為既已
足矣又攻茲范氏而大敗之并三家以為一家而不止又
圍趙襄子於晉陽及若此則韓魏亦相從而謀曰古者有
語唇亡則齒寒趙氏朝亡我夕從之趙氏夕亡吾朝從之
詩曰魚水不務陸將何及乎是以三主之君一心戮力辟

門除道奉甲興士韓魏自外趙氏自內擊智伯大敗之是故子墨子言曰古者有語曰君子不鏡於水而鏡於人鏡於水見面之容鏡於人則知吉與凶今以攻戰爲利則蓋嘗鑒之於智伯之事乎此其爲不吉而凶既可得而知矣

## 非攻下第十九

子墨子言曰今天下之所譽善者其說將何爲其上中天之利而中中鬼之利而下中人之利故譽之譽意亡非爲其上中天之利而中中鬼之利而下中人之利故譽之與雖使下之愚人必曰將爲其上中天之利而中中鬼之利而下中人之利故譽之今天下之所同義者聖王之法也今天下之諸侯將猶多皆免攻伐并兼則是有譽義之名

一

墮

而不察其實也此譬猶盲者之與人同命白黑之名而不能分其物也則豈謂有別哉是故古之知者之爲天下度也必順慮其義而後爲之行是以動則不疑速通成得其所欲而順天鬼百姓之利則知者之道也是故古之仁人有天下者必反大國之說一天下之和總四海之內焉率天下之百姓以農臣事上帝山川鬼神利人多功故又大是以天賞之鬼富之人譽之使貴爲天子富有天下名參乎天地至今不廢此則知者之道也先王之所以有天下者也今王公大人天下之諸侯則不然將必皆差論其分牙之士皆列其舟車之卒伍於此爲堅甲利兵以往攻伐無罪之國入其國家邊境芟刈其禾稼斬其樹木墮其城

墨闘

殺王

郭以湮其溝池攘殺其牲牷燔潰其祖廟勁殺其萬民覆其老弱遷其重器卒進而柱乎鬭曰死命爲上多殺次之身傷者爲下又况先列北橈乎哉罪死無殺以譂其衆夫無兼國覆軍賊虐萬民以亂聖人之緒意將以爲利天乎夫取天之人以攻天之邑此刺殺天民剝振神之位傾覆社稷攘殺其犧牲則此上不中天之利矣意將以爲利鬼乎夫利之神滅鬼神之主廢滅先王賊虐萬民百姓離散則此中不中鬼之利矣意將以爲利人乎夫殺之人爲利人也博矣又計其費此爲周生之本竭天下百姓之財用不可勝數也則此下不中人之利矣今夫師者之相爲不利者也曰將不勇士不分兵不利教不習師不衆卒不利

使

和威不圉害之不久爭之不疾孫之不強植心不堅與國諸侯疑與國諸侯疑則敵生慮而意羸矣偏具此物而致從事焉則是國家失卒而百姓易務也今不嘗觀其說好攻伐之國若使中興師君子庶人也必且數千徒倍十萬然後足以師而動矣久者數歲速者數月是上不暇聽治士不暇治其官府農夫不暇稼穡婦人不暇紡績織紝則是國家失卒而百姓易務也然而又與其車馬之罷弊也幔幕帷蓋三軍之用甲兵之備五分而得其一則猶爲亭疏矣然而又與其散亡道路道路遼遠糧食不繼傺食飲之時廁役以此飢寒凍餒疾病而轉死溝壑中者不可勝計也此其爲不利於人也天下之害厚矣而王公大人樂

而



而行之則此樂賊滅天下之萬民也豈不悖哉今天下好戰之國齊晉楚越若使此四國者得意於天下此皆十倍其國之衆而未能食其地也是人不足而地有餘也今又以爭地之故而反相賊也然則是虧不足而重有餘也今還夫好攻伐之君又飾其說以非子墨子曰以攻罰之爲不義非利物與昔者禹征有苗湯伐桀武王伐紂此皆立爲聖王是何故也子墨子曰子未察吾言之類未明其故者也彼非所謂攻謂誅也昔者有三苗大亂天命殛之日妖宵出雨血三朝龍生廟犬哭乎市夏冰地坼及泉五穀變化民乃大振高陽乃命玄宮禹親把天之瑞令以征有苗四電誘祗有神人面鳥身若瑾以侍搤矢有苗之祥苗

師大亂后乃遂幾禹既已克有三苗焉磨爲山川別物上下卿制大極而神民不違天下乃靜則此禹之所以征有苗也還至乎夏王桀天有酷命日月不時寒暑雜至五穀焦死鬼呼國鶴鳴十夕餘乃命湯於鑣宮用受夏之大命夏德大亂予既卒其命於天矣往而誅之必使汝堪之湯焉敢奉率其衆是以鄉有夏之境帝乃使陰暴毀有夏之城少少有神來告曰夏德大亂往攻之予必使汝大堪之予既受命於天天命融隆火于夏之城間西北之隅湯奉桀衆以克有屬諸侯於薄薦章天命通于四方而天下諸侯莫敢不賓服則此湯之所以誅桀也還至乎商王紂天不序其德祀用失時兼夜中十日雨土于薄九鼎遷止婦

即

妖宵出有鬼宵吟有女爲男天雨肉棘生乎國道王兄自縱也赤鳥銜珪降周之岐社曰天命周文王伐殷有國泰顛來賓河出綠圖地出乘黃武王踐功夢見三神予既沉漬殷紂于酒德矣往攻之予必使汝大堪之武王乃攻狂夫反商之周天賜武王黃鳥之旗王既已克殷成帝之來分主諸神祀紂先王通維四夷而天下莫不賓焉襲湯之緒此郎武王之所以誅紂也若以此三聖王者觀之則非所謂攻也所謂誅也則夫好攻伐之君又飾其說以非子墨子曰子以攻伐爲不義非利物與昔者楚熊麗始討此睢山之間越王繄虧出自有遽始邦於越唐叔與呂尚邦齊晉此皆地方數百里今以并國之故四分天下而有之

救之

是故何也子墨子曰子未察吾言之類未明其故者也古者天子之始封諸侯也萬有餘今以并國之故萬國有餘皆滅而四國獨立此譬猶醫之藥萬有餘人而四人愈也則不可謂良醫矣則夫好攻伐之君又飾其說曰我非以金玉子女壤地爲不足也我欲以義名立於天下以德求諸侯也子墨子曰今若有能以義名立於天下以德求諸侯者天下之服可立而待也夫天下處攻伐久矣譬若傅子之爲馬然今若有能信効先利天下諸侯者大國之不義也則同憂之大國之攻小國也則同之救小國城郭之不全也必使修之布粟之絕則委之幣帛不足則共之以此効大國則小國之君說人勞我逸則我甲兵強寬以惠

正

緩易急民必移易攻伐以治我國攻必倍量我師舉之費以諍諸侯之斃則必可得而序利焉督以正義其名必務寬吾衆信吾師以此授諸侯之師則天下無敵矣其爲下不可勝數也此天下之利而王公大人不知而用則此可謂不知利天下之臣務矣是故子墨子曰今且天下之王公大人士君子中情將欲求興天下之利除天下之害當若繁爲攻伐此實天下之巨害也今欲爲仁義求爲上士尚欲中聖王之道下欲中國家百姓之利故當若非攻之爲說而將不可察者此也

無終字

墨子卷之五終

道藏本校　沛五卷六同

墨子卷之六

節用上第二十

聖人爲政一國一國可倍也大之爲政天下天下可倍也其倍之非外取地也因其國家去其無足以倍之聖王爲政其發令興事使民用財也無不加用而爲者是故用財不費民德不勞其興利多矣其爲衣裘何以爲冬以圉寒夏以圉暑凡爲衣裳之道冬加溫夏加凊者芊䱉不加者去之其爲宮室何以爲冬以圉風寒夏以圉暑雨有盜賊加固者芊䱉不加者去之其爲甲盾五兵何以爲以圉寇亂盜賊若有寇亂盜賊有甲盾五兵者勝無有不勝是故聖人作爲甲盾五兵凡爲甲盾五兵加輕以利堅而難折

者芊䱉不加者去之其爲舟車何以爲車以行陵陸舟以行川谷以通四方之利凡爲舟車之道加輕以利者芊䱉不加者去之凡其爲此物也無加用而爲者是故用財不費民德不勞其興利多有去大人之好聚珠玉鳥獸犬馬以益衣裳宮室甲盾五兵舟車之數於數倍乎若則不難故孰爲難倍唯人爲難倍然人有可倍也昔聖王爲法曰丈夫年二十不敢毋處家女子年十五毋敢不事人此聖王之法也聖王既沒㤥民次也其欲蚤處家者有所二十年處家其欲晚處家者有所四十年處家以其蚤與其晚相踐後聖王之法十年若純三年而字子生可以二三年矣此惟不使民蚤處家而可以倍與且不然已今天下爲

政者其所以寡人之道多其使民勞其籍斂厚民財不足凍餓死者不可勝數也且大人惟毋興師以攻伐鄰國久者終年速者數月男女久不相見此所以寡人之道也與居處不安飲食不時作疾病死者有與侵就僾橐攻城野戰死者不可勝數此不令為政者所以寡人之道數術而起與聖人為政特無此不聖人為政其所以衆人之道亦數術而起與故子墨子曰去無用之聖王之道天下之大利也

節用中第二十一

子墨子言曰古者明王聖人所以王天下正諸侯者彼其愛民謹忠利民謹厚忠信相連又示之以利是以終身不

羣　日　不

饜殁二十而不卷古者明王聖人其所以王天下正諸侯
者此也是故古者聖王制爲節用之法曰凡天下群百工
輪車鞼匏陶冶梓匠使各從事其所能曰凡足以奉給民
用諸加費不加民利則止古者聖王制爲飲食之法曰足
以充虛繼氣強股肱耳目聰明則止不極五味之調芬香
之和不致遠國珍恢異物何以知其然古者堯治天下南
撫交阯北降幽都東西至日所出入莫不賓服逮至其厚
愛黍稷不二羹胾不重飲於土塯啜於土形斗以酌俛仰
周旋威儀之禮聖王弗爲古者聖王制爲衣服之法曰冬
服紺緅之衣輕且暖夏服絺綌之衣輕且清則止諸加費
不加於民利者聖王弗爲古者聖王爲猛禽狡獸暴人害

此 廣 朽 桼

民於是教民以兵行日帶劒爲刺則入擊則斷旁擊而不拆此劒之利也甲爲衣則輕且利動則兵且從此甲之利也車爲服重致遠乘之則安引之則利安以不傷人利以速至此車之利也古者聖王爲大川廣谷之不可濟於是利爲舟楫足以將之則止雖止者三公諸侯至舟楫不易津人不飾此舟之利也古者聖王制爲節葬之法曰衣三領足以朽肉棺三寸足以朽骸堀穴深不通於泉流不發洩則止死者既葬生者毋久喪用哀古者人之始生未有宮室之時因陵丘堀穴而處焉聖王慮之以爲堀穴曰冬可以辟風寒建夏下潤濕上熏烝恐傷民之氣於是作爲宮室而利然則爲宮室之法將柰何哉子墨子言曰其旁

奈

衆亂二字上有而字

無也字迮

可以圉風寒上可以圉雪霜雨露其中蠲潔可以祭祀宮牆足以為男女之別則止諸加費不加民利者聖王弗為

節用下第二十二闕

節葬上第二十三闕

節葬中第二十四闕

節葬下第二十五

子墨子言曰仁者之為天下度也辟之無以異乎孝子之為親度也今孝子之為親度也將奈何哉曰親貧則從事乎富之人民寡則從事乎衆之衆亂則從事乎治之當其於此也亦有力不足財不贍智不智然後已矣無敢舍餘力隱謀遺利而不為親為之者矣若三務孝子之為親度

即

也既若此矣雖仁者之天下度亦猶此也曰天下貧則從事乎富之人民寡則從事乎衆之衆而亂則從事乎治之當其於此亦有力不足財不贍智不智然後已矣無敢舍餘力隱謀遺利而不爲天下爲之者矣若三務者此仁者之爲天下度既若此矣今逮至昔者三代聖王既沒天下失義後世之君子或以厚葬久喪以爲仁也義也孝子之事也或以厚葬久喪以爲非仁義非孝子之事也曰二子者言則相非行即相反皆曰吾上祖述堯舜禹湯文武之道者也而言即相非行即相反於此乎後世之君子皆疑惑乎二子者言也若苟疑惑乎之二子者言然則姑嘗傳而爲政乎國家萬民而觀之計厚葬久喪奚當此三利者

我意若使法其言用其謀厚葬久喪實可以富貧衆寡定危治亂乎此仁也義也孝子之事爲人謀者不可不勸也仁者將求興天下誰霸而使民譽之終勿廢也意亦使法其言用其謀厚葬久喪實不可以富貧衆寡定危治亂乎此非仁非義非孝子之事也爲人謀者不可不勸也仁者將興之天下誰賈而使民譽之終勿廢也意亦使法其言用其謀厚葬久喪實不可以富貧衆寡定危理亂乎此非仁非義非孝子之事也爲人謀者不可不沮也仁者將求除之天下相廢而使人非之終身勿爲且故興天下之利除天下之害令國家百姓之不治也自古及今未嘗之有也何以知其然也今天下之士君子將猶多皆疑惑厚葬

璣 鼓 壺 柰

久喪之爲中是非利害也故子墨子言曰然則姑嘗稽之今雖毋法執厚葬久喪者言以爲事乎國家此存乎王公大人有喪者曰棺椁必重葬埋必厚衣衾必多文繡必繁丘隴必巨存乎匹夫賤人死者殆竭家室乎諸侯死者虛車府然後金玉珠璣比乎身綸組節約車馬藏乎壙又必多爲屋幕鼎鼓几梴壺濫戈劍羽旄齒革寢而埋之滿意若送從曰天子殺殉衆者數百寡者數十將軍大夫殺殉衆者數十寡者數人處喪之法將柰何哉曰哭泣不秩聲翁縗絰垂涕處倚廬寢苫枕凷又相率強不食而爲飢薄衣而爲寒使面目陷陬顏色黧黑耳目不聰明手足不勁強不可用也又曰上士之操喪也必扶而能起杖而能行

器　凤　此



以此共三年若法若言行若道使王公大夫行此則必不能蚤朝五官六府辟草木實倉廩使農夫行此則必不能蚤出夜入耕稼樹藝使百工行此則必不能修舟車爲器皿矣使婦人行此則必不能夙興夜寐紡績織紝細計厚葬爲多埋賦之財者也計久喪爲久禁從事者也財以成者扶而埋之後得生者而久禁之以此求富此譬猶禁耕而求穫也富之說無可得焉是故以求富家而既已不可矣欲以衆人民意者可邪其說又不可矣今惟無以厚葬久喪者爲政君死喪之三年父母死喪之三年妻與後子死者五皆喪之三年然後伯父叔父兄弟孽子其族人五月姑姊甥舅皆有月數則毀瘠必有制矣使面目陷陬顏

政

色黧黑耳目不聰明手足不勁強不可用也又曰上操喪也必扶而能起杖而能行以此共三年若法若言行若道苟其飢約又若此矣是故百姓冬不仞寒夏不仞暑作疾病死者不可勝計也此其爲敗男女之交多矣以此求衆譬猶使人負劍而求其壽也衆之說無可得焉是故求以衆人民而既以不可矣欲以治刑政意者可乎其說又不可矣今惟無以厚葬久喪者爲政國家必貧人民必寡刑政必亂若法若言行若道使爲上者行此則不能聽治使爲下者行此則不能從事上不聽治刑政必亂下不行從事衣食之財必不足若苟不足爲人弟者求其兄而不得不弟弟必將怨其兄矣爲人子者求其親而不得不孝

者 必



子必是怨其親矣爲人臣者求之君而不得不忠也必且
亂其上矣是以僻淫邪行之民出則無衣也入則無食也
內續奚吾並爲淫暴而不可勝禁也是故盜賊衆而治者
寡先衆盜賊而寡治者以此求治譬猶使人三睘而毋負
已也治之說無可得焉是故求以治刑政而既已不可矣
欲以禁止大國之攻小國也意者可邪其說又不可矣是
故昔者聖王既沒天下失義諸侯力征南有楚越之王而
北有齊晉之君此皆砥礪其卒伍以攻伐并兼爲政於天
下是故凡大國之所以不攻小國者積委多城郭修上下
調和是故大國不耆攻者無積委城郭不修上下不調和
是故大國者攻之今惟毋以厚葬久喪者爲政國家必貧

人民必寡刑政必亂若苟貧是無以爲積委也若苟寡是城郭溝渠者寡也若苟亂是出戰不克入守不固此求禁止大國之攻小國也而旣已不可矣欲以干上帝鬼神之福意者可邪其說又不可矣今惟無以厚葬久喪者爲政國家必貧人民必寡刑政必亂若苟貧是粢盛酒醴不凈潔也若苟寡是事上帝鬼神者寡也若苟亂是祭祀不時度也今又禁止事上帝鬼神爲政若此上帝鬼神始得從上撫之曰我有是人也與無是人也孰愈曰我有是人也與無是人也無擇也則惟上帝鬼神降之罪厲之禍罰而棄之則豈不亦乃其所哉故古聖王制爲葬埋之法曰棺三寸足以朽體衣衾三領足以覆惡以及其葬也下毋及

泉上毋通臭壟若參耕之畝則止矣死者既以葬矣生者必無久哭而疾而從事人爲其所能以交相利也此聖王之法也今執厚葬久喪者之言曰厚葬久喪雖使不可以富貧衆寡定危治亂然此聖王也以道也子墨子曰不然昔者堯北教乎八狄道死葬蛩山之陰衣衾三領穀木之棺葛以緘之既氾而後哭滿埳無封巳葬而牛馬乘之舜西教乎七戎道死葬南巳之市衣衾三領穀木之棺葛以緘之巳葬而市人乘之禹東教乎九夷道死葬會稽之山衣衾三領桐棺三寸葛以緘之絞之不合道之不埳土地之深下毋及泉上毋通臭既葬收餘壤其上壟若參耕之畝取止矣若以此若三聖王者觀之則厚葬久喪果非聖

此

吾本

王之道故三王者皆貴於天子富有天下豈憂財用之不足哉以爲如此葬埋之法今王公大人之爲葬埋則異於此必大棺中棺革闠三操璧玉即具戈劍鼎鼓壺濫文繡素練大鞅萬領輿馬女樂皆具曰必捶捈差通壟雖凡山陵此爲輟民之事靡民之財不可勝計也其爲毋用若此矣是故子墨子曰鄉者本吾言曰意亦使其言用其謀計厚葬久喪請可以富貧衆寡定危治亂乎則仁也義也孝子之事也爲人謀者不可不勸也意亦使法其言用其謀若人厚葬久喪實不可以富貧衆寡定危治亂乎則非仁也非義也非孝子之事也爲人謀者不可不沮也是故求以富國家甚得貧焉欲以衆人民甚得寡焉欲以治刑政

節沐

甚得亂焉求以禁止大國之攻小國也而既已不可矣欲以干上帝鬼神之福又得禍焉上稽之舜堯禹湯文武之道而政逆之下稽之桀紂幽厲之事猶合節也若以此觀則厚葬久喪其非聖王之道也今執厚葬久喪者言曰厚葬久喪果非聖王之道夫胡說中國之君子爲而不已操而不擇哉子墨子曰此所謂便其習而義其俗者也昔者越之東有輆沭之國者其長子生則解而食之謂之宜弟其大父死負其大母而棄之曰鬼妻不可與居處此上以爲政下以爲俗爲而不已操而不擇則此豈實仁義之道哉此所謂便其習而義其俗者也楚之南有炎人國者其親戚死朽其肉而棄之然後埋其骨乃成爲孝子秦之西

節

有儀秉之國者其親戚死聚柴薪而焚之燻上謂之登遐然後成爲孝子此上以爲政下以爲俗爲而不已操而不擇則此豈實仁義之道哉此所謂便其習而義其俗者也若以此若三國者觀之則亦猶薄矣若中國之君子觀之則亦猶厚矣如彼則大厚如此則大薄然則葬埋之有節矣故衣食者人之生利也然且猶尚有節葬埋者人之死利也夫何獨無節於此乎子墨子制爲葬埋之法曰棺三寸足以朽骨衣三領足以朽肉掘地之深下無菹漏氣無發洩於上壟足以期其所則止矣哭往哭來反從事乎衣食之財佴乎祭祀以致孝於親故曰子墨子之法不失死生之利者此也故子墨子言曰今天下之士君子中請將

欲爲仁義求爲上士上欲中聖王之道下欲中國家百姓之利故當若節喪之爲政而不可不察者此也

卷之六終

道藏本校

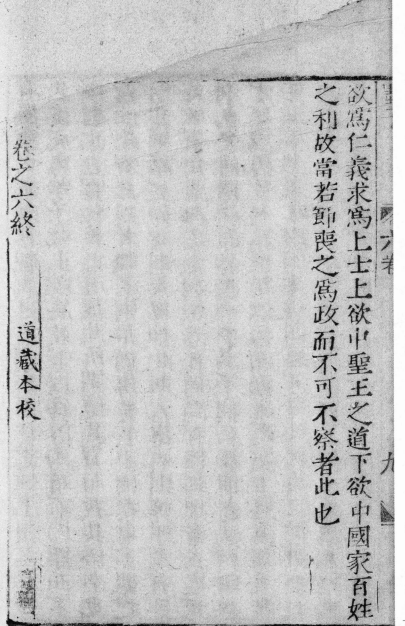

逃　且　逃　　逃　得

# 墨子卷之七

## 天志上第二十六

子墨子言曰今天下之士君子知小而不知大何以知之以其處家者知之若處家得罪於家長猶有鄰家所避逃之然且親戚兄弟所知識共相儆戒皆曰不可不戒矣不可不慎矣惡有處家而得罪於家長而可爲也非獨處家者爲然雖處國亦然處國得罪於國君猶有鄰國所避逃之然且親戚弟兄所知識共相儆戒皆曰不可不戒矣不可不慎矣誰亦有處國得罪於國君而可爲也此有所避逃之者也相儆戒猶若此其厚況無所避逃之者相儆戒豈不愈厚然後可哉且語言有之曰焉而晏曰焉而得罪

將惡避逃之曰無所避逃之夫天不可爲林谷幽門無人明必見之然而天下之君子天也忽然不知以相儆戒此我所以知天下士君子知小而不知大也然則天亦何欲何惡天欲義而惡不義然則率天下之百姓以從事於義則我乃爲天之所欲也我爲天之所欲天亦爲我所欲然則何欲何惡我欲福祿而惡禍祟然則我率天下之百姓以從事於禍祟中也然則何知天之欲義而惡不義曰天下有義則生無義則死有義則富無義則貧有義則治無義則亂然則天欲其生而惡其死欲其富而惡其貧欲其治而惡其亂此義所以知天欲義而惡不義也曰且夫義者政也無從下之政上必從上之政下是故庶人竭力從

事未得次已而爲政有士政之士竭力從事未得次已而爲政有將軍大夫政之將軍大夫竭力從事未得次已而爲政有三公諸侯政之三公諸侯竭力聽治未得次已而爲政有天子政之天子未得次已而爲政有天政之天子爲政於三公諸侯士庶人天下之士君子固明知天之爲政於天子天下百姓未得之明知也故昔三代聖王禹湯文武欲以天之爲政於天子明說天下之百姓故莫不犓牛羊豢犬彘絜盛酒醴以祭祀上帝鬼神而求祈福於天我未嘗聞天下之所求祈福於天子者也我所以知天之爲政於天子者也故天子者天下之窮貴也天下之窮富也故欲富且貴者當天意而不可不順順天意者兼相愛

夫得

博

交相利必得賞反天意者别相惡交相賊必得罰然則是誰順天意而得賞者誰反天意而得罰者子墨子言曰昔三代聖王禹湯文武此順天意而得賞也昔三代之暴王桀紂幽厲此反天意而得罰者也然則禹湯文武其得賞何以也子墨子言曰其事上尊天中事鬼神下愛人故天意曰此之我所愛兼而愛之我所利兼而利之愛人者此爲博焉利人者此爲厚焉故使貴爲天子富有天下業萬世子孫傳稱其善方施天下至今稱之謂之聖王然則桀紂幽厲得其罰何以也子墨子言曰其事上詬天中誣鬼下賊人故天意曰此之我所愛别而惡之我所利交而賊之惡人者此爲之惡也賊人者此爲之厚也故使不得終

辜　奈

其壽不殁其世至今毀之謂之暴王然則何以知天之愛
天下之百姓以其兼而明之何以知其兼而明之以其兼
而有之何以知其兼而有之以其兼而食焉何以知其兼
而食焉曰四海之内粒食之民莫不犓牛羊豢犬彘絜爲
粢盛酒醴以祭祀於上帝鬼神天有邑人何用弗愛也且
吾言殺一不辜者必有一不祥殺不辜者誰也則人也予
之不祥者誰也則天也若以天爲不愛天下之百姓則何
故以人與人相殺而天予之不祥此我所以知天之愛天
下之百姓也順天意者義政也反天意者力政也然義將
奈何哉子墨子言曰處大國不攻小國處大家不篡小家
強者不刼弱貴者不傲賤多詐者不欺愚此必上利於天

中利於鬼下利於人三利無所不利故舉天下美名加之謂之聖王力政者則與此異言非此行反此猶倖馳也處大國攻小國處大家篡小家強者劫弱貴者傲賤多詐欺愚此上不利於天中不利於鬼下不利於人三不利無所利故舉天下惡名加之謂之暴王子墨子言曰我有天志譬若輪人之有規匠人之有矩輪匠執其規矩以度天下之方圜曰中者是也不中者非也今天下之士君子之書不可勝載言語不可盡計上說諸侯下說列士其於仁義則大其遠也何以知之曰我得天下之明法以度之

## 天志中第二十七

子墨子言曰今天下之君子之欲為仁義者則不可不察

賤

義之所從出既曰不可以不察義之所從出然則義何從出子墨子曰義不從愚且賤者出必自貴且知者出何以知義之不從愚且賤者出而必自貴且知者出也曰義者善政也何以知義之善政也曰天下有義則治無義則亂是以知義之善政也夫愚且賤者不得為政乎貴且知者然後得為政乎愚且賤者此吾所以知義之不從愚且賤者出而必自貴且知者出也然則孰為貴孰為知曰天為貴天為知而已矣然則義果自天出矣今天下之人曰當若天子之貴諸侯諸侯之貴大夫傐明知之然吾未知天之貴且知於天子也子墨子曰吾所以知天之貴且知於天子者有矣曰天子為善天能賞之天子為暴天能罰之

將

天子有疾病禍祟必齋戒沐浴潔爲酒醴粢盛以祭祀天
鬼則天能除去之然吾未知天之祈福於天子也此吾所
以知天之貴且知於天子者不止此而已矣又以先王之
書馴天明不解之道也知之曰明哲維大臨君下出則此
語天之貴且知於天子不知亦有貴知夫天者乎曰天爲
貴天爲知而已矣然則義果自天出矣是故子墨子曰今
天下之君子中實將欲尊道利民本察仁義之本天之意
不可不慎也既以天之意以爲不可不慎已然則天之將
何欲何憎子墨子曰天之意不欲大國之攻小國也大家
之亂小家也強之暴寡詐之謀愚貴之傲賤此天之所不
欲也上此而已欲人之有力相營有道相教有財相分也

又欲上之強聽治也下之強從事也上強聽治則國家治矣下強從事則財用足矣若國家治用足則內有以絜為酒醴粢盛以祭祀天鬼外有以為環璧珠玉以聘撓四鄰諸侯之冤不興矣邊境兵甲不作矣內有以食飢息勞持養其萬民則君臣上下惠忠父子弟兄慈孝故惟毋明乎順天之意奉而光施之天下則刑政治萬民和國家富財用足百姓皆得煖衣飽食便寧無憂是故子墨子曰今天下之君子中實將欲遵道利民本察仁義之本天之意不可不慎也且夫天子之有天下也辟之無以異乎國君諸侯之有四境之內也今國君諸侯之有四境之內也夫豈欲其臣國萬民之相為不利哉今若處大國則攻小國處

大家則亂小家欲以此求賞譽終不可得誅罰必至矣夫天之有天下也將無已異此今若處大國攻小國處大都則伐小都欲以此求福祿於天福祿終不得而禍祟必至矣然有所不爲天之所欲而爲天之所不欲則夫天亦且不爲人之所欲而爲人之所不欲矣人之所不欲者何也曰病疾禍祟也若已不爲天之所欲而爲天之所不欲是率天下之萬民以從事乎禍祟之中也故古者聖王明知天鬼之所福而辟天鬼之所憎以求興天下之利而除天下之害是以天之爲寒熱也節四時調陰陽雨露也時五穀熟六畜遂疾菑戾疫凶饑則不至是故子墨子曰今天下之君子中實將欲遵利民本察仁義之本天意不可不慎

也且夫天下蓋有不仁不祥者曰當若子之不事父弟之不事兄臣之不事君也故天下之君子與謂之不祥者今夫天兼天下而愛之撽遂萬物以利之若豪之末非天之所爲也而民得而利之則可謂否矣然獨無報夫天而不知其爲不仁不祥也此吾所謂君子明細而不明大也且吾所以知天之愛民之厚者有矣曰以磨爲日月星辰以昭道之制爲四時春秋冬夏以紀綱之雷降雪霜雨露以長遂五穀麻絲使民得而財利之列爲山川谿谷播賦百事以臨司民之善否爲王公侯伯使之賞賢而罰暴賊金木鳥獸從事乎五穀麻絲以爲民衣食之財自古及今未嘗不有此也今有人於此驩若愛其子竭力單務以利之

辜 辜 者



其子長而無報子求父故天下之君子與謂之不仁不祥今夫天兼天下而愛之撽遂萬物以利之若豪之末非天之所爲而民得而利之則可謂否矣然獨無報夫天而不知其爲不仁不祥也此吾所謂君子明細而不明大也且吾所以知天愛民之厚者不止此而足矣曰殺不辜者天予不祥不辜者誰也曰人也予之不祥者誰也曰天也若天不愛民之厚天胡說人殺不辜而天予之不祥哉此吾以知天之愛民之厚也且吾所以知天之愛民之厚者不止此而已矣曰愛人利人順天之意得天之賞者有矣憎人反天之意得天之罰者亦有矣夫愛人利人順天之意得天之賞者誰也曰若昔三代聖王堯舜禹湯文武者是

留

也堯舜禹湯文武焉所從事曰從事兼不從事別兼者處大國不攻小國大家不亂小家強不劫弱衆不暴寡詐不謀愚貴不傲賤觀其事上利乎天中利乎鬼下利乎人三利無所不利是謂天德聚斂天下之美名而加之焉曰此仁也義也愛人利人順天之意得天之賞者也不止此而巳書於竹帛鏤之金石琢之槃盂傳遺後世子孫曰將何以爲將以識夫愛人利人順天之意得天之賞者也皇矣道之曰帝謂文王予懷明德不大聲以色不長夏以革不識不知順帝之則帝善其順法則也故舉殷以賞之使貴爲天子富有天下名譽至今不息故夫愛人利人順天之意得天之賞者既可得留而已夫憎人賊人反天之意得

天之罰者誰也曰若昔者三代暴王桀紂幽厲者是也桀紂幽厲焉所從事曰從事別不從事兼別者處大國則攻小國處大家則亂小家強劫弱衆暴寡詐謀愚貴傲賤觀其事上不利乎天中不利乎鬼下不利乎人三不利無所利是謂天賊聚斂天下之醜名而加之焉曰此非仁也非義也憎人賊人反天之意得天之罰者也不止此而已又書其事於竹帛鏤之金石琢之槃盂傳遺後世子孫曰將何以爲將以識夫憎人賊人反天之意得天之罰者也大明之道之曰紂越厥夷居不肯事上帝棄厥先神祇不祀乃曰吾有命無廖僔務天下天亦縱棄紂而不葆察天以縱棄紂而不葆者反天之意也故夫憎人賊人反天之意

得天之罰者既可謂而知也是故子墨子之有天之辟人無以異乎輪人之有規匠人之有矩也今夫輪人操其規將以量度天下之圜與不圜也曰中吾規者謂之圜不中吾規者謂之不圜是以圜與不圜皆可得而知也此其故何則圜法明也匠人亦操其矩將以量度天下之方與不方也曰中吾矩者謂之方不中吾矩者謂之不方是以方與不方皆可得而知之此其故何則方法明也故子墨子之有天之意也上將以度天下之王公大人之爲刑政也下將以量天下之萬民爲文學出言談也觀其行順天之意謂之善意行反天之意謂之不善意非觀其言談順天意謂之善言談反天之意謂之不善言談觀其刑政順天

之意謂之善刑政反天之意謂之不善刑政故置此以爲法立此以爲儀將以量度天下之王公大人卿大夫之仁與不仁譬之猶分黑白也是故子墨子曰今天下之王公大人士君子中實將欲遵道利民本察仁義之本天之意不可不順也順天之意者義之法也

## 天志下第二十八

子墨子言曰天下之所以亂者其說將何哉則是天下士君子皆明於小而不明於大何以知其明於小不明於大也以其不明於天之意也何以知其不明於天之意也以處人之家者知之今人處若家得罪將猶有異家所以避逃之者然且父以戒子兄以戒弟曰戒之愼之處人之家

逃　次

不戒不慎之而有處人之國者乎今人處若國得罪將猶有異國所以避逃之者矣然且父以戒子兄以戒弟曰戒之慎之處人之國者不可不戒慎也今人皆處天下而事天得罪於天將無所以避逃之者矣然而莫知以相極戒也吾以此知大物則不知者也是故子墨子言曰戒之慎之以爲天之所欲而去天之所惡曰天之所欲者何也所惡者何也天欲義而惡其不義者也何以知其然也曰義者正也何以知義之爲正也天下有義則治無義則亂我以此知義之爲正也然而正者無自下正上者必自上正下是故庶人不得次已而爲正有士正之士不得次已而爲正有大夫正之大夫不得次已而爲正有諸侯正之諸

侯不得次已而爲正有三公正之三公不得次已而爲正
有天子正之天子不得次已而爲政有天正之今天下之
士君子皆明於天子之正天下也而不明於天正也是故
古者聖人明以此說人曰天子有善天能賞之天子有過
天能罰之天子賞罰不當聽獄不中天下疾病禍福霜露
不時天子必且犓豢其牛羊犬彘絜爲粢盛酒醴以禱祠
祈福於天我未嘗聞天之禱祈福於天子也吾以此知天
之重且貴於天子也是故義者不自愚且賤者出必自貴
且知者出曰誰爲知天爲知然則義果自天出也今天下
之士君子之欲爲義者則不可不順天之意矣曰順天之
意何若曰兼愛天下之人何以知兼愛天下之人也以兼

辜

而食之也何以知其兼而食之也自古及今無有遠靈孤夷之國皆犓豢其牛羊犬彘絜為粢盛酒醴以敬祭祀上帝山川鬼神以此知兼而食之也苟兼而食焉必兼而愛之譬之若楚越之君今是楚王食於楚之四境之內故愛楚之人越王食於越故愛越之人今天兼天下而食焉我以此知其兼愛天下之人也且天之愛百姓也不盡物而止矣今天下之國粒食之民國殺一不祥曰誰殺不辜曰人也孰予之不辜曰天也若天之中實不愛此民也何故而人有殺不辜而天予之不祥哉且天之愛百姓厚矣天之愛百姓別矣既可得而知也何以知天之愛百姓也吾以賢者之必賞善罰暴也何以知賢者之必賞善罰暴也吾以昔者三代之聖王知

之故昔也三代之聖王堯舜禹湯文武之兼愛天下也從而利之移其百姓之意焉率以敬上帝山川鬼神天以爲從其所愛而愛之從其所利而利之於是加其賞焉使之處上位立爲天子以法也名之曰聖人以此其賞善之證是故昔也三代之暴王桀紂幽厲之兼惡天下也從天賊之移其百姓之意焉率以詬侮上帝山川鬼神天以爲不從其所愛而惡之不從其所利而賊之於是加其罰焉使之父子離散國家滅亡抎失社稷憂以及其身是以天下之庶民屬而毀之業萬世子孫繼嗣毀之賁不之廢也名之曰失王以此知其罰暴之證今天下之士君子欲爲義者則不可不順天之意矣曰順天之意者兼也反天之意

者別也兼之爲道也義正別之爲道也力正曰義正者何若曰大不攻小也強不侮弱也衆不賊寡也詐不欺愚也貴不傲賤也富不驕貧也壯不奪老也是以天下之庶國莫以水火毒藥兵刃以相害也若事上利天中利鬼下利人三利而無所不利是謂天德故凡從事此者聖知也仁義也忠惠也慈孝也是故聚斂天下之善名而加之是其故何也則順天之意也曰力正者何若曰大則攻小也強則侮弱也衆則賊寡也詐則欺愚也貴則傲賤也富則驕貧也壯則奪老也是以天下之庶國方以水火毒藥兵刃以相賊害也若事上不利天中不利鬼下不利人三不利而無所利是謂之賊故凡從事此者寇亂也盜賊也不仁

不義不忠不惠不慈不孝是故聚斂天下之惡名而加之
是其故何也則反天之意也故子墨子置立天之以爲儀
法若輪人之有規匠人之有矩也今輪人以規匠人以矩
以此方圜之別矣是故子墨子置立天之以爲儀法吾以
此知天下之上君子之去義之遠也何以知天下之士君
子之去義遠也今知氏大國之君寬者然曰吾處大國而
不攻小國吾何以爲大哉是以差論蚤牙之士比列其舟
車之卒以攻罰無罪之國入其溝境刈其禾稼斬其樹木
殘其城郭以御其溝池焚燒其祖廟攘殺其犧牷民之格
者則勁拔之不格者則係操而歸大夫以爲僕圉胥靡婦
人以爲舂酋則夫好攻伐之君不知此爲不仁義以告四

鄰諸侯曰吾攻國覆軍殺將若干人矣其鄰國之君亦不知此爲不仁義也有具其皮幣發其總處使人饗賀焉則夫好攻伐之君有重不知此爲不仁不義也有書之竹帛藏之府庫爲人後子者必且欲順其先君之行曰何不當發吾庫視吾先君之法美必不曰文武之爲正爲正者若此矣曰吾攻國覆軍殺將若干人矣則夫好攻伐之君不知此爲不仁不義也其鄰國之君不知此爲不仁不義也是以攻伐世世而不已者此吾所謂大物則不知也所謂小物則知之者何若今有人於此入人之場園取人之桃李瓜薑者上得且罰之衆聞則非之是何也曰不與其勞獲其實已非其有所取之故而況有踰於人之牆垣抯格

辜

人之子女者乎與角人之府庫竊人之金玉蚤絫者乎與
踰人之欄牢竊人之牛馬者乎而況有殺一不辜人乎今
王公大夫之爲政也自殺一不辜人者踰人之墻垣抯格
人之子女者與角人之府庫竊人之金玉蚤絫者乎與踰
人之欄牢竊人牛馬桃李瓜薑者今王公大人之加罰此
也雖古之堯舜禹湯文武之爲政亦無以異此矣今天下
之諸侯將猶皆侵凌攻伐兼并此爲殺一不辜人者數千
萬矣此爲踰人之墻垣格人之子女者與角人府庫竊人
金玉蚤絫者數千萬矣踰人之欄牢竊人之牛馬者與入
人之塲園竊人之桃李瓜薑者數千萬矣而自曰義也故
子墨子言曰是蕢我者則豈有以異是蕢黑白甘苦之辯

者哉今有人於此少而示之黑謂之黑多示之黑謂白必曰吾目亂不知黑白之別今有人於此能少嘗之甘謂甘多嘗謂苦必曰吾口亂不知其甘苦之味今王公大人之政也或殺人其國家禁之此蚤越有能多殺其鄰國之人因以爲文義此豈有異蕡白黑甘苦之別者哉故子墨子置天之以爲儀法非獨子墨子以天之志爲法也於先王之書大夏之道之然帝謂文王予懷而明德毋大聲以色毋長夏以革不識不知順帝之則此誥文王之以天志爲法也而順帝之則也且今天下之士君子中實將欲爲仁義求爲上士上欲中聖王之道下欲中國家百姓之利者當天之志而不可不察也天之志者義之經也

墨子卷之七終

道藏本校　沛六

無終字

墨子卷之八

明鬼上第二十九　闕

明鬼中第三十　闕

明鬼下第三十一

子墨子言曰逮至昔三代聖王既没天下失義諸侯力正是以存夫爲人君臣上下者之不惠忠也父子弟兄之不慈孝弟長貞良也正長之不强於聽治賤人之不强於從事也民之爲淫暴寇盜賊以兵刃毒藥水火退無罪人乎道路率徑奪人車馬衣裘以自利者並作由此始是以天下亂此其故何以然也則皆以疑惑鬼神之有與無之別不明乎鬼神之能賞賢而罰暴也今若使天下之人偕若

奈

鬼下無之字

信鬼神之能賞賢而罰暴也則夫天下豈亂哉今執無鬼
者曰鬼神者固無有旦暮以爲教誨乎天下之疑天下之
衆使天下之衆皆疑惑乎鬼神有無之別是以天下亂是
故子墨子曰今天下之王公大人士君子實將欲求興天
下之利除天下之害故當鬼神之有與無之別以爲將不
可以明察此者也既以鬼神有無之別以爲不可不察已
然則吾爲明察此其說將奈何而可子墨子曰是與天下
之所以察知有與無之道者必以衆之耳目之實知有與
亡爲儀者也請惑聞之見之則必以爲無若是何不嘗入
一鄉一里而問之自古以及今生民以來者亦有嘗見鬼
神物聞鬼之神之聲則鬼神何謂無乎若莫聞莫見則鬼

神鬼

辜

弢

識 辜

神可謂有乎今執無鬼者言曰夫天下之爲聞見鬼神之物者不可勝計也亦孰爲聞見鬼神有無之物哉子墨子曰若以衆之所同見與衆之所同聞則若昔者杜伯是也周宣王殺其臣杜伯而不辜杜伯曰吾君殺我而不辜若以死者爲無知則止矣若死而有知不出三年必使吾君知之其三年周宣王合諸侯而用於圃田車數百乘從數千人滿野日中杜伯乘白馬素車朱衣冠執朱弓挾朱矢追周宣王射入車上中心折脊殪車中伏弢而死當是之時周人從者莫不見遠者莫不聞著在周之春秋爲君者以教其臣爲父者以警其子曰戒之慎之凡殺不辜者其得不祥鬼神之誅若此之憯遫以若書之說觀之則鬼神

辜　燕

之有豈可疑哉非惟若書之說爲然昔者鄭穆公當晝日中處乎廟有神入門而左鳥身素服三絶面狀正方鄭穆公見之乃恐懼犇帝享女明德使予錫女壽十年有九使若國家蕃昌子孫茂毋失鄭穆公再拜稽首曰敢問神曰予爲句芒若以鄭穆公之所身見爲儀則鬼神之有豈可疑哉非惟若書之說爲然也昔者燕簡公殺其臣莊子儀而不辜莊子儀曰吾君王殺我而不辜死人毋知亦已死人有知不出三年必使吾君知之期年燕將馳祖燕之有祖當齊之社稷宋之有桑林楚之有雲夢也此男女之所屬而觀也日中燕簡公方將馳於祖塗莊子儀荷朱杖而擊之殪之車上當是時燕人從者莫不見遠者莫不聞著

辜

辜

秋冬〻夏

在燕之春秋諸侯傳而言之曰凡殺不辜者其得不祥鬼神之誅若此其憯遬也以若書之說觀之則鬼神之有豈可疑哉非惟若書之說爲然也昔者宋文君鮑之時有臣曰祐觀辜固嘗從事於厲袾子杖揖出與言曰觀辜是何陸璧之不滿度量酒醴粢盛之不淨潔也犧牲之不全肥春夏秋冬選失時豈女爲之與意鮑爲之與觀辜曰鮑幼弱在荷繈之中鮑何與識焉官臣觀辜特爲之袾子舉揖而槀之殪之壇上當是宋人從者莫不見遠者莫不聞著在宋之春秋諸侯傳而語之曰諸不敬慎祭祀者鬼神之誅至若此其憯遬以若書之說觀之鬼神之有豈可疑哉非惟若書之說爲然也昔者齊莊君之有所謂王里國中

而 其 奈

里徼者此二子者訟三年而獄不斷齊君由謙殺之恐不
辜猶謙釋之恐失有罪乃使之人共一羊盟齊之神社二
子許諾於是泏洫擫羊而漉其血讀王里國之辭既已終
矣讀中里徼之辭未半也羊起而觸之折其脚祧神之而
槀之殪之盟所當是時齊人從者莫不見遠者莫不聞著
在齊之春秋諸侯傳而語之曰請品先不以其請者鬼神
之誅至若此其憯遬也以若書之說觀之鬼神之有豈可
疑哉是故子墨子言曰雖有深谿博林幽澗毋人之所施
行不可以不董見有鬼神視之今執無鬼者曰夫衆人耳
目之請豈足以斷疑哉奈何其欲爲高君子於天下而有
復信衆之耳目之請哉子曰若以衆之耳目之請以爲不

足信也不以斷疑不識若昔者三代聖王堯舜禹湯文武者足以爲法乎故於此乎自中人以上皆曰若昔者三代聖王足以爲法矣若苟昔者三代聖王足以爲法然則姑嘗上觀聖王之事昔者武王之攻殷誅紂也使諸侯分其祭曰使親者受内祀疏者受外祀故武王必以鬼神爲有是故攻殷誅紂使諸侯分其祭若鬼神無有則武王何祭分哉非爲武王之事爲然也故聖王其賞也必於祖其僇也必於社賞於祖者何也告分之均也僇於社者何也告聽之中也非惟若書之說爲然也且惟昔者虞夏商周三代之聖王其始建國營都日必擇國之正壇置以爲宗廟必擇木之脩茂者立爲菆位必擇國之父兄慈孝貞良

者以爲祝宗必擇六畜之勝腯肥倅毛以爲犧牲珪璧琮璜稱財爲度必擇五穀之芳黃以爲酒醴粢盛故酒醴粢盛與歲上下也故古聖王治天下也故必先鬼神而後人者此也故曰官府選効必先祭器祭服畢藏於府祝宗有司畢立於朝犧牷不與昔聚群故古者聖王之爲政若此古者聖王必以鬼神爲其務鬼神厚矣又恐後世子孫不能知也故書之竹帛傳遺後世子孫咸恐其腐蠹絕滅後世子孫不得而記故琢之盤盂鏤之金石以重之有恐後世子孫不能敬著以取羊故先王之書聖人一尺之帛一篇之書語數鬼神之有也重有重之此其故何則聖王務之今執無鬼者曰鬼神者固無有則此反聖王之務反聖

何

蟲

商周

王之務則非所以爲君子之道也今執無鬼者之言曰先王之書慎無一尺之帛一篇之書語數鬼神之有重有重亦何書之有哉子墨子曰周書大雅有之大雅曰文王在上於昭于天周雖舊邦其命維新有周不顯帝命不時文王陟降在帝左右穆穆文王令問不已若鬼神無有則文王既死彼豈能在帝之左右哉此吾所以知周書之鬼也且周書獨鬼而商書不鬼則未足以爲法也然則姑嘗上觀乎商書曰嗚呼古者有夏方未有禍之時百獸貞虫允及飛鳥莫不比方矧隹人面胡敢異心山川鬼神亦莫敢不寧若能共允隹天下之合下土之葆察山川鬼神之所以莫敢不寧者以佐謀禹也此吾所以知周商

士



之鬼也且禹書獨鬼而夏書不鬼則未足以爲法也然則姑嘗上觀乎夏書禹誓曰大戰于甘王乃命左右六人下聽誓于中軍曰有扈氏威侮五行怠棄三正天用勦絶其命有曰日中今予與有扈氏爭一日之命且爾卿大夫庶人予非爾田野葆士之欲也予共行天之罰也左不共于左右不共于右若不共命御非爾馬之政若不共命是以賞於祖而僇於社賞於祖者何也言分命之均也僇於社者何也言聽獄之事也故古聖王必以鬼神爲賞賢而罰暴是故賞必於祖而僇必於社此吾所以知夏書之鬼也故尚書夏書其次商周之書語數鬼神之有也重有重之此其故何也則聖王務之以若書之說觀之則鬼神之有

卯

豈可疑哉於古曰吉日丁卯周代祝社方歲于社考以延年壽若無鬼神彼豈有所延年壽哉是故子墨子曰嘗若鬼神之能賞賢如罰暴也蓋本施之國家施之萬民實所以治國家利萬民之道也若以爲不然是以吏治官府之不絜廉男女之爲無別者鬼神見之民之爲淫暴寇亂盜賊以兵刃毒藥水火退無罪人乎道路奪人車馬衣裘以自利者有鬼神現之是以吏治官府不敢不絜廉見善不敢不賞見暴不敢不罪民之爲淫暴寇亂盜賊以兵刃毒藥水火退無罪人乎道路奪車馬衣裘以自利者由此止是以莫放幽閒擬乎鬼神之明顯明有一人畏上誅罰是以天下治故鬼神之明不可爲幽閒廣澤山林深谷鬼神

故　昔　剝

之明必知之鬼神之罰不可富貴衆強勇力强武堅甲利兵鬼神之罰必勝之若以爲不然昔者夏王桀貴爲天子富有天下上詬天侮鬼下殃傲天下之萬民祥上帝伐元山帝行故於此乎天乃使湯至明罰焉湯以車九兩鳥陳鴈行湯乘大贊犯遂下衆人之蟜遂王乎禽推哆大戲故昔夏王桀貴爲天子富有天下有勇之推哆大戲主別兕虎指畫殺人人民之衆兆億侯盈厥澤陵然不能以此圉鬼神之誅此吾所謂鬼神之罰不可爲富貴衆強勇力強武堅甲利兵者此也且不惟此爲然昔者殷王紂貴爲天子富有天下上詬天侮鬼下殃傲天下之萬民播棄黎老賊誅孩子楚毒無罪刳剔孕婦庶舊鰥寡號咷無告也故

爲　璣

於此乎天乃使武王至明罰焉武王以擇車百兩虎賁之卒四百人先庶國節窺戎與殷人戰乎牧之野王乎禽費中惡來衆畔百走武王逐奔入宮萬年梓株折紂而繫之赤環載之白旗以爲天下諸侯僇故昔者殷王紂貴爲天子富有天下有勇力之人費中惡來崇侯虎指寡殺人人民之衆兆億侯盈厥澤陵然不能以此圉鬼神之誅此吾所謂鬼神之罰不可爲富貴衆強勇力強武堅甲利兵者此也且禽艾之道之曰得璣無小滅宗無大則此言鬼神之所賞無小必賞之鬼神之所罰無大必罰之今執無鬼者曰意不忠親之利而害爲孝子乎子墨子曰古之今之爲鬼非他也有天鬼亦有山水鬼神者亦有人死而爲鬼

者今有子先其父死弟先其兄死者矣意雖使然然而天
下之陳物曰先生者先死若是則先死者非父則母非兄
而姒也今絜爲酒醴粢盛以敬慎祭祀若使鬼神請有是
得其父母姒兄而飲食之也豈非厚利哉若使鬼神請亡
是乃費其所爲酒醴粢盛之財耳自夫費之特注之汙壑
而棄之也内者宗族外者鄉里皆得如具飲食之雖使鬼
神請亡此猶可以合驩聚衆取親於鄉里今執無鬼者言
曰鬼神者固請無有是以不共其酒醴粢盛犧牲之財吾
非乃今愛其酒醴粢盛犧牲之財乎其所得者臣將何哉
此上逆聖王之書内逆民人孝子之行而爲上士於天下
此非所以爲上士道是故子墨子曰今吾爲祭祀也非直

壑

注之汙壑而棄之也上以交鬼之福下以合驩聚衆取親乎鄉里若神有則是得吾父母弟兄而食之也則此豈非天下利事也哉是故子墨子曰今天下之王公大人士君子中實將欲求興天下之利除天下之害當若鬼神之有也將不可不尊明也聖王之道也

非樂上第三十二

子墨子言曰仁之事者必務求興天下之利除天下之害將以爲法乎天下利人乎即爲不利人乎即止且夫仁者之爲天下度也非爲其目之所美耳之所樂口之所甘身體之所安以此虧奪民衣食之財仁者弗爲也是故子墨子之所以非樂者非以大鍾鳴鼓琴瑟竽笙之聲以爲不

煎　即

樂也非以刻鏤華文章之色以爲不美也非以犓豢前炙
之味以爲不甘也非以高臺厚榭邃野之居以爲不安也
雖身知其安也口知其甘也目知其美也耳知其樂也然
上考之不中聖王之事下度之不中萬民之利是故子墨
子曰爲樂非也今王公大人雖無造爲樂器以爲事乎國
家非直掊潦水折壤坦而爲之也將必厚措斂乎萬民以
爲大鍾鳴鼓琴瑟竽笙之聲譬之若聖王之爲舟車也郎
我弗敢非也古者聖王亦嘗厚措斂乎萬民以爲舟車既
已成矣曰吾將惡許用之曰舟用之水車用之陸君子息
其足焉小人休其肩背焉故萬民出財齎而予之不敢以
爲慼恨者何也以其反中民之利也然則樂器反中民之

即 鼓 即舍 即 萬

利亦若此即我弗敢非也然則當用樂器民有三患飢者不得食寒者不得衣勞者不得息三者民之巨患也然即當爲之撞巨鍾擊鳴鼓彈琴瑟吹竽笙而揚干戚民衣食之財將安可得乎即我以爲未必然也意今此今有大國即攻小國有大家即伐小家強劫弱衆暴寡詐欺愚貴傲賤寇亂盜賊並興不可禁止也然即當爲之撞巨鍾擊鳴鼓彈琴瑟吹竽笙而揚干戚天下之亂也將安可得而治與即我未必然也是故子墨子曰姑嘗厚措斂乎莫民以爲大鍾鳴鼓琴瑟竽笙之聲以求興天下之利除天下之害而無補也是故子墨子曰爲樂非也今王公大人惟毋處高臺厚榭之上而視之鍾猶是延鼎也弗撞擊將何樂

得焉哉其說將必撞擊之惟勿撞擊將必不使老與遲者老與遲者耳目不聰明股肱不畢強聲不和調明不轉朴將必使當年因其耳目之聰明股肱之畢強聲之和調眉之轉朴使丈夫為之廢丈夫耕稼樹藝之時使婦人為之廢婦人紡績織紝之事今王公大人惟毋為樂虧奪民衣食之財以拊樂如此多也是故子墨子曰為樂非也今大鍾鳴鼓琴瑟竽笙之聲既已具矣大人鏽然奏而獨聽之將何樂得焉哉其說將以與賤人不與君子與君子聽之廢君子聽治與賤人聽之廢賤人之從事今王公大人惟毋為樂虧奪民之衣食之財以拊樂如此多也是故子墨子曰為樂非也昔者齊康公興樂萬萬人不可衣短褐不可食糠

綺

糟曰食飲不美面目顔色不足視也衣服不美身體從容醜羸不足觀也是以食必粱肉衣必文繡此掌不從事乎衣食之財而掌食乎人者也是故子墨子曰今王公大人惟無爲虧奪民衣食之財以拊樂如此多也是故子墨子曰爲樂非也今人固與禽獸麋鹿蜚鳥貞蟲異者也今之禽獸麋鹿蜚鳥貞蟲因其羽毛以爲衣裘因其蹄蚤以爲綺屨因其水草以爲飲食故唯使雄不耕稼樹藝雌亦不紡績織紝衣食之財固已具矣今人與此異者也賴其力者生不賴其力者不生君子不强聽治即刑政亂賤人不强從事即財用不足今天下之士君子以吾言不然然即姑嘗數天下分事而觀樂之害王公大人蚤朝晏退聽獄

即

治政此其分事也士君子竭股肱之力亶其思慮之智內治官府外收斂關市山林澤梁之利以實倉廩府庫此其分事也農夫蚤出暮入稼耕樹藝多聚升粟此其分事也婦人夙興夜寐紡績織紝多治麻絲葛緒細布縿此其分事也今惟毋在乎王公大人說樂而聽之即必不能蚤朝晏退聽獄治政是故國家亂而社稷危矣今惟毋在乎士君子說樂而聽之即必不能竭股肱之力亶其思慮之智內治官府外收斂關市山林澤梁之利以實倉廩府庫是故倉廩府庫不實今惟毋在乎農夫說樂而聽之即必不能蚤出暮入耕稼樹藝多聚升粟不足今惟毋在乎婦人說樂而聽之即不必夙興夜寐紡績織紝多治麻絲葛緒

細布縿是故布縿不興曰孰爲大人之聽治而廢國家之從事曰樂也是故子墨子曰爲樂非也何以知其然也曰先王之書湯之官刑有之曰其恒舞于宮是謂巫風其刑君子出絲二衛小人否似二伯黃徑乃言曰嗚呼舞佯佯黃言孔章上帝弗常九有以亡上帝不順降之日殃其家必懷喪察九有之所以亡者徒從飾樂也於武觀曰啓乃淫溢康樂野于飲食將將銘莧磬以力湛濁于酒渝食于野萬舞翼翼章聞于大天天用弗式故上者天鬼弗戒下者萬民弗利是故子墨子曰今天下士君子請將欲求興天下之利除天下之害當在樂之爲物將不可不禁而止也

嘉靖三十一年歲次壬子季夏之吉芝城銅板活字

無終字

墨子卷之八終

道藏本校　沛七